Die kulinarische Wanderung durch Polen birgt viele Überraschungen. Vom Reichtum und der Vielfalt der polnischen Küche kann man sich in jeder Region überzeugen. Gesundes Landbrot, traditionelle Wurst, hausgemachte Obst- und Gemüsespezialitäten, aromatischer Honig sowie eine anderswo unbekannte Menge an Grütz- und Kartoffelgerichten. Von den guten alten Obstlikören ganz zu schweigen.

Also guten Appetit!

Polnische Küche

Vorwort
Wir bitten zu Tisch!   *S. 4*

Frühstück
Zum guten Morgen   *S. 6*

Mittagessen
Sättigende Halbzeit   *S. 24*

Vesper
Ein süßes Zwischendurch   *S. 56*

Abendessen
Ein gemeinsamer Abend   *S. 70*

Polnische Küche

Text
Izabella Byszewska

Fotos
Christian Parma

Wydawnictwo PARMA® PRESS

Vorwort
Wir bitten zu Tisch!

Und das an einen besonders reich gedeckten Tisch, auf dem alles aufgetafelt ist, was Speisekammer und Keller der „Republik vieler Nationen" vom Allerfeinsten zu bieten haben. Die polnische Küche ist, um die Wahrheit zu sagen, seit Jahrhunderten ein duftender Kessel voller polnischer, litauischer, weißrussischer, deutscher, jüdischer, ukrainischer und tatarischer Leckerbissen, in dem jede, der auf diesem Gebiet einträchtig miteinander lebenden Nationen tatkräftig mitgerührt hat. Die polnische Küche bestimmen aber ebenfalls die spezifischen Essgewohnheiten der Regionen Schlesien, Podhale, Karptenvorland, Kaschubien, Kurpien, Podlasie, Großpolen… sowie die über Jahrhunderte hinweg verschmolzenen kulinarischen Eigenheiten der ländlichen, großbäuerlichen, adligen und ab dem 19. Jahrhundert ebenfalls der bürgerlichen Küche.

Deshalb stehen in unserer Speisekarte sowohl Sauermehlsuppe nach ländlicher Art wie auch Mandelsuppe nach herrschaftlicher Art, edle Flusskrebse und Zander, schlesische Graupensuppe, litauische Kindziuk-Wurst, tatarischer Pierekatschewnik-Strudel, Kartoffel-Kugelhupf aus Podlasie und jüdisches Tschulent.

In den polnischen Vorratskammern fehlte es ebenfalls nie an Ingredienzen, die entweder von den Kriegszügen im Osten oder von Kaufleuten mitgebracht wurden, die aus dem Süden über das Mährische Tor nach Norden zogen. So fanden sich in Polen z.B. Nüsse, Feigen, vielerlei exotische Gewürze wie der beliebte Safran sowie Lebkuchen, für den nicht nur Thorn, sondern ebenfalls Niederschlesien und Biecz im Karpatenvorland berühmt waren. Die polnische Küche bereicherten sowohl neue Produkte wie auch bisher vollkommen unbekannte Kochrezepte und Verarbeitungsmethoden. Der traditionelle großpolnische gebratene Käse ist also auch bei den Schlesiern und in Westpolen ansässigen Deutschen bekannt. Aus der deutschen Küche stammen ebenfalls die im Teschener Schlesien beliebten Ingwerplätzchen sowie schlesische Presswurst und Leberwurst. Unseren östlichen Nachbarn verdanken wir die im Karpatenvorland sowie in den Regionen Lublin und Podlasie berühmte Grützwurst, den Kartoffelkugelhupf, Räucherspeck, vielfältige Maultaschen und Hefeklöße sowie rituelles Gebäck, vor allem das Hochzeitsbrot „Korowei".

Die polnische kulinarische Tradition wird auch heute liebevoll gepflegt, vor allem in jenen Regionen, in denen die Einwohner ihre kulturelle Identität bewahrt haben, z.B. in Kaschubien, Podhale, in den Beskiden, in Kurpien, Großpolen sowie in den Grenzgebieten, wo sich polnische und fremde Küche gegenseitig ergänzen. Aber ebenfalls in Schlesien,

Pommern und Masuren, wohin es die Polen aus den ehemaligen polnischen Ostgebieten verschlagen hat, werben die von den Neusiedlern mitgebrachten und bodenständigen Gerichte um die Gunst der Feinschmecker. Auch dort legt man großen Wert auf heimatliche Speisen, die an die nachfolgenden Generationen weitergegeben werden. Überdauert haben Kochrezepte und die Namen von Speisen, die die Bergbauern aus Bukowina in Polen bekannt gemacht haben wie z.B. „mamałyga" aus Maisgrieß. Da hört man aber auch von einem Lemberger „Kanibale" genannten Hong-Zitrone-Getränk, einer schlesischen „szpajza" – also einer leichten Nachspeise oder vom „zymlok", einer Art Leberwurst.

Jede Region auf der kulinarischen Landkarte Polens hat ihre spezifischen Gerichte, die nicht nur auf die örtliche Tradition und Kultur zurückzuführen sind, sondern ebenfalls auf die klimatischen und geografischen Bedingungen. So beinhaltet der Speiseplan der Kaschuben außer den vielfältigsten Fischgerichten, ebenfalls Enten und Gänse und aufgrund des kargen Bodens, Steckrüben und Kürbis. Ebenso ertragsarm waren die Felder in Kurpien, so dass es dort an Wurstwarentradition fehlt. Dafür aber sind diese Gebiete für ihre Kraut- und Kartoffelgerichte sowie die Honige aus dem Kurpischen Urwald berühmt. Wursterzeugnisse in Hülle und Fülle haben dagegen Großpolen, Kujawien, der Ostteil Masowiens am Bug sowie Kleinpolen vorzuweisen. Diese Regionen sind seit nahezu zweihundert Jahren berühmt durch ihren geräucherten und gepökelten Schinken, die Wacholderwurst, geräucherte Gänsebrust, mannigfaltige Schmalzsorten, Grützwurst, Presskopf, Schwarzfleisch usw., usw. Wenn von ortstypischen Spezialitäten die Rede ist, darf man keinesfalls die Region Podhale ungenannt lassen die sich solcher hervorragender Schafskäse rühmt wie oscypek, bryndza, bundza und redykołka. Was Gerichte aus Buchweizengrütze betrifft, ist die Region Lublin, vor allem die Gegend von Biłgoraj, unschlagbar. Mehl und Hirse finden hingegen im Karpatenvorland unzählige Verwendung. Der Raum Sandomierz ist durch sein prachtvolles Obst bekannt, und bei Podlasie denkt man unweigerlich an den Baumkuchen, eines der bekanntesten polnischen Regionalgebäcke. Wir laden Sie also ein, zu einer Schnuppertour durch die polnischen Speisekammern!

Frühstück
Zum guten Morgen

*S*o wie in der Mitte des 19. Jahrhunderts beginnen auch heute viele den Tag mit einer Tasse Kaffee mit Sahne. Zwar verwerfen wir inzwischen den vor hundert Jahren vom Chronisten beobachteten Essensgrundsatz: „fett, süß und viel" und gönnen uns auch keinen Kümmel bzw. Anisschnaps mehr auf nüchternen Magen in Gesellschaft eines geräucherten Pfläumchens als „Appetitsanreger". Dennoch sind viele der alten Essensgewohnheiten bis ins 21. Jahrhundert vorgedrungen. Wenn man nun also darüber nachsinnen wollte, was denn heute eigentlich zum typisch polnischen Frühstück gehört, begänne man sicherlich mit dem traditionellen Brot aus echtem Sauerteig und hervorragendem Aufschnitt, vor allem der leckeren Wurst. Hinzukommen köstliche Konfitüre und Marmelade, besonders Pflaumenmus z.B. aus den Gebieten der unteren Weichsel, Kleinpolen und dem Karpatenvorland sowie Honige und Weißkäsesorten (u.a. Quark mit Kräutern oder Gemüse), von denen der großpolnische *gzik* am bekanntesten ist. Ganz zu schweigen von den Schafskäsen aus Podhale, voran der *bryndza* und *oscypek*.

Noch bis in die Mitte des 20. Jahrhunderts unterschied sich das Essen auf dem Lande und in der Stadt wesentlich voneinander. Das typisch bäuerliche Frühstück bestand aus warmen Speisen wie Klößen oder Kartoffeln, Milchgrütze, mancherorts Sauermehlsuppe und in den späteren Jahren auch Rührei, oft mit Speck, Schwarzfleisch, Wurst, Tomaten und Zwiebel. Dazu wurde Malzkaffee mit Milch getrunken. Sonntags gab es Kakao und Hefekuchen. Auf dem Frühstückstisch des Landadels fehlte es nie an Schwarzbrot und Brötchen aus der hauseigenen Bäckerei, Aufschnitt und Würsten eigener Produktion, Konfitüre und Honig. Rüstete man sich z.B. zur Jagd, dann kamen noch warme Gerichte hinzu, z.B. der deftige Krauteintopf *bigos*, Nierchen, Gänsebrust, Rotrübensuppe, Bouillon … . Noch bis vor kaum zwanzig Jahren konnte man sich kein typisch polnisches Frühstück ohne Milchsuppe mit Hirse, Grieß oder Teigwaren, vor allem mit Nudeln oder winzigen Spätzle, vorstellen. Heute beginnt man den Tag eher mit Brot oder Brötchen mit Butter, Aufschnitt, Käse, Honig und Konfitüre oder Marmelade, weich gekochten Eiern, Rührei und saisonalem Gemüse wie Tomaten und Gurken.

Der Rhythmus und die Qualität der polnischen Küche hingen über Jahrhunderte vom religiösen Ritus ab. Deshalb lernt man die Fülle der polnischen Speisekammer erst so richtig zu Weihnachten und Ostern kennen. An diesen Tagen gilt eine „verbindliche" Liste von Speisen, die keinesfalls auf der Festtafel fehlen dürfen. Im Land an der Weichsel legt man ebenfalls großen Wert auf die Einhaltung der Fastentage, vor allem vor Ostern. In der bescheidenen Variante aß man einst lediglich mit Öl zubereitete Speisen aus Hülsenfrüchten, Kartoffeln und Grütze, die mit Zwiebel und Hering gereicht wurden. Auf den ländlichen Einkaufsbasaren mancher Regionen bekommt man noch heute das sog. „Festtagsöl", das aus Leinen, Raps oder Leindotter kalt gepresst wird. In der reicheren Version und in Regionen mit fischreichen Seen und Flüssen bereitete man in der Fastenzeit vielerlei Fischgerichte zu, vornehmlich aus Süßwasserfischen wie Hecht, Karpfen, Schleie und Zander. Bevor aber gefastet wurde, genoss man in vollen Zügen die Fastnacht, die der Esslust keine Grenzen setzte. In der zeitgenössischen polnischen Küche haben sich viele Karnevalspezialitäten aus früheren Zeiten bewahrt. Dabei handelt es sich vor allem um Fettgebäck wie Hobelspäne sowie Krapfen („Berliner"), die u.a. mit Rosenkonfitüre gefüllt sind.

Das Osterfrühstück ist heutzutage auch ein wahrhafter Festschmaus, bei dem es weder an Fleisch noch Aufschnitt mangeln darf. Der Ehrenplatz auf dem Ostertisch gebührt jedoch dem geräucherten bzw. gekochten Schinken. Um ihn herum reihen sich geschmorter Schweinsrücken, Schwarzfleisch und gebratene Weißwurst. In Schlesien reicht man ebenfalls Römerbraten und in Masowien gefülltes Spanferkel. Zum Osterfrühstück gehört unbedingt auch Sauermehlsuppe aus Roggenmehl, die je nach Region mit gewürfelten Wurststückchen, hart gekochtem Ei, Weißwurst und Meerrettich verfeinert wird. Was den Osterkuchen betrifft, sind Hefenapfkuchen mit Rosinen und Nüssen, kunstvoll belegter Mürbeteigkuchen (*mazurek*) und Quarkkuchen die Hauptakteure. Darüber hinaus zieren bemalte Ostereier sowie Osterlämmer aus Zucker oder Butter den Tisch.

Morgendliche Kraftmacher

Honig

Honig ist neben Konfitüre und Marmelade, Stammgast auf dem polnischen Frühstückstisch. Kein Wunder, denn das Land ist seit Jahrhunderten für seine hervorragenden Honige berühmt. Da nennt nahezu jede Region eine spezifische Pflanzenwelt ihr Eigen, die den Bienen Nektar für die jeweiligen Honigsorten liefert. Gefragt sind vor allem Tannenmehltauhonig aus der Gegend von Nowy Sącz, Buchweizenhonig aus der Region Lublin und dem Karpatenvorland, Heidehonig aus Niederschlesien und Pommern, Linden- und Blütenhonig aus Kurpien, Ermland und Masuren sowie Phacelienhonig aus Großpolen. Eine Rarität sind Honige von seltenen Bienenweiden wie Himbeere, Bohne oder Eingriffeliger Weißdorn.

Butter

Noch bis vor zwanzig Jahren haben fast alle Bäuerinnen selbst gebuttert. Heute erlebt frische Butter ihr Comeback, wobei sie häufig in verschiedenen Geschmacksrichtungen hergestellt wird. In der edlen polnischen Küche schwang Krebsbutter das Zepter, die mit zerstoßener Krebsschale vermengt war. Toasts schmecken am besten mit Knoblauchbutter. Zur Auswahl stehen ebenfalls Schnittlauch- und Dillbutter sowie viele Arten von Kräuterbutter.

Käse

Der berühmteste polnische Käse ist ohne Frage der *oscypek*. Hinzukommt ein breites Angebot anderer Schafskäse aus der Region Podhale, darunter *bryndza*, *bundz* und *redykołka*. Aus Mittel- und Ostpolen stammen die leckersten Käse aus Kuhmilch. Und die Bewohner Großpolens erwarten auf dem Frühstückstisch *gzik*, also Frischquark mit Sahne und Zwiebel oder Schnittlauch sowie aus Quark hergestellten gebratenen Kümmelkäse. Beliebt sind ferner Labkäse aus den Regionen Podlasie und Suwałki sowie Käse aus den zunehmenden Ziegenhöfen.

Morgendliche Kraftmacher

Eier

Zum typisch polnischen Frühstück gibt es auch immer Eier in vielfältiger Zubereitungsart. Am häufigsten isst man sie weich gekocht, aber ebenfalls als Rührei (unbedingt mit Butter gebraten), manchmal mit Schwarzfleisch, Schinken, Zwiebel oder Tomaten. In der Pilzsaison ist Rührei mit Pfifferlingen ein Gaumenschmaus ohnegleichen. Ihre treuen Anhänger haben ebenfalls Eierkuchen, meist gefüllt mit Konfitüre und zuweilen auch mit Gemüse. Ferner hart gekochte Eier mit Majonäse oder auch mit Pilz- und Fischpaste gefüllt.

Konfitüre, Marmelade und Pflaumenmus

Das beste polnische Pflaumenmus entsteht aus den guten alten Hauspflaumen, die traditionsgemäß ohne Zuckerzugabe dick eingekocht und danach im Brotofen gebacken werden. Durch solches Pflaumenmus haben sich das Gebiet der unteren Weichsel und das Karpatenvorland einen Namen gemacht, wo noch echte Pflaumengärten bestehen, und die Bäuerinnen immer noch Pflaumenmus nach alten Rezepten kochen. Was wäre die polnische Speisekammer ohne die köstlichen mit viel Zucker gekochten Konfitüren? Als leckerste gelten Sauerkirsch-, Erdbeer-, Himbeer- und Aprikosenkonfitüre. Aber auch Marmelade ist ein durchaus schmackhafter Brotaufstrich. Ob aus schwarzen Johannisbeeren, Stachelbeeren oder Äpfeln, appetitlich sind ganz einfach alle. Mancherorts gibt es auch Marmelade aus Mischobst.

Brot und Brötchen

Die Ausländer sind in Polen immer wieder über die enorme Vielfalt an Backwaren erstaunt. Den ersten Platz nimmt dabei ungeschlagen das Brot ein, das aus natürlichem Sauerteig ohne Geschmacksverstärker und Konservierungsmittel gebacken wird. Zur Auswahl stehen Vollkorn- und Weißbrot aus Weizen- oder Roggenmehl sowie ebenfalls aus gemischtem Mehl. Oft werden dem Brotteig z.B. gekochte Kartoffeln oder Grieß beigemengt, die dessen Frische verlängern. Beliebt ist ebenfalls Brot mit einem Zusatz von Kräutern, Sonnenblumen- bzw. Kürbiskernen oder Leinsamen.

Weißkäse „gzik"

Großpolen

3 l frische, nicht pasterisierte Milch
2 Löffel saure Milch
Glas Sahne
große Zwiebel oder
Frühlingszwiebeln
Salz
Pfeffer

Sauermilch zur frischen Milch gießen und an einen warmen Ort stellen, bis sie sauer wird. Danach die Milch auf kleiner Flamme erhitzen, bis sich Flocken bilden. Durch ein Leinentuch seihen und ausdrücken. Dann die Käsemasse mit einem Brett beschweren, damit die letzte Flüssigkeit austritt. Den entstandenen Käse mit Sahne verrühren, klein geschnittene Zwiebel hinzufügen. Mit Salz und Pfeffer abschmecken. „Gzik" passt hervorragend zu Pellkartoffeln.

Gebratener Kümmelkäse

Großpolen

*1 kg festen Weißkäse (eine Art
Schichtkäse)
3 Stück Butter
2 Eigelb
1 Esslöffel Kümmel*

Den Käse in einer Schüssel zerkrümeln, mit dem Kümmel vermischen, mit einem Leinentuch bedecken und für 2-3 Tage an warmem Ort ruhen lassen. Wenn er „schmierig" geworden ist, die Butter in einem Topf zerlassen, den Käse hinzugeben und unter häufigem Rühren auf kleiner Flamme braten, bis sich eine einheitliche Masse bildet. Mit Salz abschmecken. Vom Feuer nehmen und vorsichtig mit dem rohen Eigelb vermengen. In eine kleine Schüssel füllen und in den Kühlschrank stellen. Schmeckt besonders gut zum Brot.

Gomółki mit Kräutern

Karpatenvorland

1 kg Weißkäse
4 Eigelb
Salz
Gewürze nach Geschmack:
klein gehackte Minze,
Dill, Petersilie,
Basilikum,
Thymian

Den Käse sorgfältig mit dem Eigelb vermengen und nach Geschmack Kräuter hinzufügen. Wallnussgroße abgeflachte Kugeln formen und in leicht vorgeheizter Bachröhre trocknen.

Schweineschmalz mit Äpfeln

Ermland und Masuren

1 kg Speck
100 g Schwarzfleisch
Zwiebel
3 Knoblauchzehen
2 säuerliche Äpfel
Teelöffel Majoran
Salz

Speck und Schwarzfleisch in feine Würfel schneiden und in der Pfanne auslassen. Die Grieben abkühlen lassen und durch den Wolf drehen. Apfelstückchen und Zwiebel klein hacken, Knoblauch pressen und alles zu dem Fett geben, braten lassen, mit Salz, Pfeffer und Majoran würzen und die Grieben dazugeben. Nochmals erhitzen und in einen Steintopf oder Gläser füllen.

Kindziuk

Podlasie

1 Schweinemagen
1 kg hochklassiges Fleisch
(Schinken, Schulter oder
Filett)
40 g Salz
1 g Pökelsalz
gemahlener Pfeffer
Piment
1 Knoblauchzehe

Den Magen gründlich wässern, ausschaben, abbrühen und mit kaltem Wasser ausspülen. Das Fleisch in mittelgroße Stückchen schneiden,
mit Salpeter (oder Pökelsalz) und den Gewürzen vermischen. Mehrere Stunden ziehen lassen. Danach den Magen mit dem Fleisch füllen
(darauf achten, dass keine Lufträume verbleiben). Den Magen mit einem Baumwollfaden zubinden und an einen kühlen Platz zum Trocknen
aufhängen. Nach einigen Tagen in kaltem Laubbaum-Rauch räuchern, wobei von Zeit zu Zeit ein Wacholderzweig (verleiht dem Kindziuk Aroma)
zum Feuer gegeben werden sollte. Kindziuk muss über mehrere Tage hinweg je 2-3 Stunden im Rauch hängen. Umso größer das Stück,
desto länger sollte der Räuchervorgang dauern.

Fleischpastete

Großpolen

500 g Schweinefleisch
(Schinken, Schulter)
120 g roher Speck
250 g Kalbs- oder Schweinsleber
500 g Rindfleisch
100 g Suppengrün
600 g trockenes Brötchen
3 Eier
Wacholder
Lorbeerblatt
Piment
Muskatnuss
Salz

Fleisch, Suppengrün und Lorbeerblatt etwa 1½ Stunde köcheln lassen. Nach halber Kochzeit salzen und gegen Ende den Speck zufügen (einige Scheiben für die Form beiseite legen). 25 Minuten weiterkochen lassen. Die Leber von den Häutchen befreien, in Stücke schneiden. Von der Gemüsebrühe 1²/₃ Glas abgießen und darin die Leber etwa 5 Minuten garen. Brötchen in 30 ml Brühe einweichen. Fleisch und Leber abtropfen lassen, Brötchen ausdrücken. Piment und Wacholder hinzugeben. Das Ganze zweimal durch den Fleischwolf drehen (beim zweiten Mal eine Scheibe mit kleineren Löchern benutzen). Danach Eier, Salz, Pfeffer und Muskatnuss hinzufügen und alles sorgfältig vermengen. Den Boden der Bratpfanne mit Speckscheiben auslegen und die Pfanne bis etwa in ¾ Höhe mit der Fleischmasse füllen. Die Oberfläche mit Eiweiß bestreichen und die Pastete im Backofen bei 200°C ca. 1 Stunde backen bis sich ihr Rand bräunt. Wird mit Meerrettich serviert.

Kürbisplinsen

Podlasie

250 g Kürbisfleisch
Glas saure Milch
Glas Mehl
2 Eier
Esslöffel Öl
Öl zum Braten
Salz

Milch, Eigelb, Mehl, Salz, Öl und grob geriebenes Kürbisfleisch in eine Schüssel geben und zum Teig verarbeiten. Danach vorsichtig den Eischnee unterheben. Öl im Tiegel heiß werden lassen. Teig in kleinen Fladen langsam goldbraun braten. Kürbisplinsen werden mit Zucker, Sahne oder Konfitüre serviert.

Pflaumenmus

Kujawien und Pommern

3 kg Pflaumen
(Späternte, leicht verschrumpelt)

Pflaumen entkernen und in einem großen flachen Topf zerkochen. Danach auf kleinem Feuer mehrere Stunden köcheln lassen. Unbedingt häufig umrühren, damit sie nicht anbrennen. Wenn die Pflaumen auf etwa $^1/_3$ der ursprünglichen Masse eingekocht sind, ausdampfen lassen. Danach durch ein Sieb in einen Steintopf rühren. Den Topf in die heiße Röhre (ca. 140°C) stellen, damit das Mus weiter ausdampfen kann, bis es sich vom Löffel löst und auf der Oberfläche eine Haut entsteht. In Gläser abfüllen und einwecken.

Osterfrühstück:
Gefüllte Eier

Region Lódz

24 Eier

Fischfarce:
8 Eigelb
geräucherter Hering oder
geräucherte Sprotten oder
Anschovis
Salz
Pfeffer

Schinkenfarce:
8 Eigelb
100 g Schinken
1 Teelöffel Senf
Salz
Pfeffer
Paprikapulver

Pilzfarce:
8 Eigelb
eine Handvoll getrocknete Pilze
1 Esslöffel Sahne
Salz
Pfeffer

Hart gekochte Eier schälen, in Hälften teilen und das Eigelb heraus nehmen (wird für die Farce benötigt). Nach den genannten Rezepten ein Füllsel zubereiten und mit der Tortenspritze in die Eiweißhälften füllen.

Fischfarce: Eigelb sorgfältig mit dem Fisch zu einer kremigen Masse verarbeiten und abschmecken.
Schinkenfarce: Eigelb zerdrücken und mit dem klein gehackten Schinken und dem Senf verrühren. Mit Salz und Pfeffer abschmecken.
Pilzfarce: Pilze waschen, 30 min. im Wasser einweichen und danach im selben Wasser weich kochen. Abgießen und zusammen mit dem Eigelb durch den Wolf drehen. Sahne, Salz und Pfeffer hinzufügen und verrühren.

Osterschinken mit Teigkruste

Podlasie

1½ kg Schweineschinken
Meerrettichblätter
je 2 Teelöffel, Majoran, Thymian,
Bohnenkraut
2 Knoblauchzehen
Salz
Pfeffer

Teig:
2 Gläser Graham-Mehl oder
Vollkornmehl
4 Eier
20 g Hefe
1 Glas Milch
1 Priese Salz

Schinken mit zerdrücktem Knoblauch einreiben, in die Meerrettichblätter einwickeln und 24 Stunden im Salzbad mit der Hälfte der Kräuter wässern. Danach herausnehmen. Mehrmals einstechen und mit den übrig gebliebenen Gewürzen einreiben und pfeffern. Teig kneten und zum Aufgehen beiseite legen. Danach den gut abgetropften Schinken in den Teig einschlagen. Bei 160-170°C etwa 2 Stunden in der Röhre backen.

Herkömmliche Sauermehlsuppe

Karpatenvorland

Sauermehl:
½ kg Roggen- oder
Hafervollkornmehl
Rinde von Vollkornbrot
3 Knoblauchzehen
1 l warmes abgekochtes Wasser

Sauermehlsuppe:
1 Bund Suppengrün
250 g Rauchfleisch oder
geräucherte Rippchen
Lorbeerblatt
½ Teelöffel Majoran
4 große Kartoffeln
je 100 g Wurst,
Schwarzfleisch
und Schinken
2 Esslöffel frisch
geriebener Meerrettich
2 Esslöffel Sahne
Salz
Pfeffer

Sauermehl: Mehl in einen Steintopf schütten und unter Rühren langsam das Wasser hinzu gießen bis ein glatter sahniger Teig entsteht. Anschließend den zerdrückten Knoblauch hinzufügen. Den Topf an einen warmen Ort zum Gären stellen. Am nächsten Tag das sich an der Oberfläche gesammelte Wasser abgießen und durch frisch gekochtes und abgekühltes Wasser ergänzen. 2 zerdrückte Knoblauchzehen dazugeben. Nach 3 Tagen ist das Sauermehl fertig.

Oster-Sauermehlsuppe: Aus Suppengrün, Rauchfleisch oder Räucherrippchen und Lorbeerblatt 2 l Brühe kochen. In Stäbchen geschnittene Kartoffeln hinzugeben und weich kochen. Danach langsam das gut verquirlte Sauermehl hinzu gießen und unter ständigem Rühren aufkochen. Mit Salz, Pfeffer und Majoran abschmecken. Die Sauermehlsuppe sollte sämig sein. Zuletzt gewürfelte Wurst, frisch geriebenen Meerrettich und zwei Löffel Sahne dazugeben und nochmals aufkochen. Vor dem Servieren mit Eiachteln verzieren.

Marzipankuchen Mazurek

Kleinpolen

Teig:
5 Eier
100 g Zucker
150 g Mehl
1 gehäuften
Teelöffel Backpulver

Kreme:
2 Stück Butter
200 g Puderzucker
1 Päckchen Vanillezucker
1 Vanillepudding
½ l Milch
50 ml Spiritus
1 Esslöffel Orangenlikör

Verzierung:
½ kg Marzipan
½ Tafel bittere Schokolade
Mandelblättchen, gehackte
Haselnüsse, Rosinen

Eigelb und Zucker schaumig rühren. Nach und nach das mit Packpulver versiebte Mehl hinzufügen und vermischen. Eischnee unterheben. Die Biskuitmasse in eine gefettete rechteckige Form geben. In der Röhre bei 170ºC 45 Minuten backen. Nach dem Auskühlen längs durchschneiden. Den Pudding kochen und abkühlen lassen. Inzwischen die Butter mit dem Puderzucker kremig rühren, Vanillezucker hinzu geben und danach unter ständigem Rühren den Pudding und Spiritus. Die Biskuithälften mit Likör beträufeln und die Kreme darauf verteilen. Das Marzipan zusammen mit der Schokolade im Topf auflösen und damit die Oberflächen des Kuchens bestreichen. Zuletzt fantasievoll mit Nüssen und Rosinen dekorieren.

Zum guten Morgen / 21

Osterfrühstück
Hefe–Napfkuchen

Großpolen

500 g Tortenmehl
80 g Hefe
Glas Milch
8 Eigelb
200 g Zucker
Päckchen Vanillezucker
200 g Butter
½ Teelöffel Salz
100 g Rosinen
3 Esslöffel Rum

Die Hälfte des Mehls mit heißer Milch übergießen und sorgfältig verrühren. Die zerbröckelte Hefe dazugeben, vermengen und zum Aufgehen beiseite stellen. Inzwischen das Eigelb mit Zucker und Vanillezucker schaumig schlagen, restliches Mehl dazu sieben und mit dem aufgegangenen Hefestück und dem Salz verrühren. Geschmolzene Butter und Rum zugeben und den Teig tüchtig verkneten, bis er Blasen schlägt und von der Hand geht. Zum Schluss werden die gewaschenen und abgetrockneten Rosinen eingeknetet und der Teig in eine gebutterte Aschkuchenform gefüllt. Nochmals gehen lassen. Anschließend die Oberfläche mit Ei bepinseln und bei 180°C etwa 1 Stunde backen.

Gebratene Weißwurst

Vollfrühstück

1 kg Weißwurst
4 mittelgroße Zwiebeln
Fett zum Braten
Meerrettich

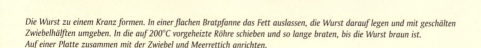

Die Wurst zu einem Kranz formen. In einer flachen Bratpfanne das Fett auslassen, die Wurst darauf legen und mit geschälten Zwiebelhälften umgeben. In die auf 200°C vorgeheizte Röhre schieben und so lange braten, bis die Wurst braun ist.
Auf einer Platte zusammen mit der Zwiebel und Meerrettich anrichten.

Mittagessen
Sättigende Halbzeit

*E*twa seit Mitte des 18. Jahrhunderts verlief der Tag in der durchschnittlichen polnischen Familie nach dem gleichen Schema: von acht bis zehn Uhr wurde gefrühstückt, gegen elf Uhr gab es ein kleines zweites Frühstück, zwischen zwölf und sechzehn Uhr wurde zu Mittag gespeist, später kam das Vesper oder wie man heute sagen würde, der Nachmittagskaffee und zuletzt, zwischen achtzehn und neunzehn Uhr, das Abendessen. In der kulinarischen Tradition Polens war die Qualität der Mahlzeiten stets deutlich in einfaches Alltagsessen und üppiges Sonntagsessen geteilt. Das letztgenannte wurde reichlich und vornehm aufgetafelt und bestand auch aus besserem Fleisch, Geflügel sowie weißem Brot und Kuchen. Trotz starker gesellschaftlicher Veränderungen, ist das in vielen Familien auch heute so geblieben, ebenso die Arten und die Tageszeiten der Mahlzeiten.

Das Mittagessen betrachten die Polen unvermindert als wichtigste Mahlzeit, die die Familie integriert und zusammenschweißt. Sogar heutzutage, wo es in der Woche kaum gelingt, alle arbeitstätigen und lernenden Familienmitglieder zur gemeinsamen Mahlzeit am Tisch zu versammeln, bemüht man sich zumindest an Sonn- und Feiertagen zusammen Mittag zu essen. So ein Festtagsmittagessen besteht nach wie vor meist aus: Suppe, Hauptgang und Nachtisch.

Zwar unterlag das typisch polnische Mittagessen im Laufe der Jahrhunderte einem deutlichen Wandel, dennoch aber gibt es verblüffend viele Gerichte, die heute noch serviert werden. So wie im 17. und 18. Jahrhundert mögen wir nach wie vor Knödel, Nudeln, Buchweizenküchlein, Braten und Grütze. Nahezu unverändert haben die klassischen Mittagssuppen überdauert wie Fleischbrühe und Rotrübensuppe, aber ebenfalls andere Gerichte, z.B. Rindfleisch mit Meerrettichsoße. In einem Tagebuch von vor zweihundert Jahren wird ein Mittagessen bei Karol Fürst Radziwiłł in Njaswisch wie folgt beschrieben: „Kuttelflecke mit Ingwer, Enten mit Kapern, Pute mit Mandelsoße, Karpfen in Honig gebräunt, Maränen und Kaulbarsche". Bei diesem Festmahl wurden ebenfalls Gerichte serviert, die man heute nur noch aus der Literatur kennt wie u.a. Elchnüstern, Bärentatzen und Wildschweinkopf in Gewürzsoße. Das polnische Mittagessen ist, so wie andere Mahlzeiten auch, fest in der regionalen Tradition verwurzelt, die in vielen

zeitgenössischen Familien liebevoll gepflegt wird, besonders an Sonn- und Feiertagen. In Großpolen besteht z.B. das echte Sonntagsmittagessen aus der polewka, einer Sauermilch- bzw. Molkesuppe, dem Hauptgang – Schweinebraten mit Hefeklößen oder gefüllter Ente mit Rotkraut. Zum Nachtisch gibt es entweder Apfelstrudel oder Mohn-Hefekuchen. In Schlesien hingegen werden Sauermehlsuppe (żurek), Rindfleischrouladen oder Römerbraten mit Kartoffelknödeln bevorzugt. Zum Nachtisch erwartet man unbedingt szpajza, also Zitronengötterspeise. In Masowien kann man sich das Sonntagsessen nicht ohne Bouillon oder Rotrübensuppe entweder mit Kartoffeln, hart gekochtem Ei oder Bohnen vorstellen. Das Hauptgericht besteht aus Rindfleisch mit Meerrettichsoße, Schweinebraten mit gekochtem Kraut, gedünstetem Rinderschnitzel oder Rindergulasch. Dazu Kartoffelpüree, Salzkartoffeln oder Buchweizengrütze. Zum Nachtisch wählt man Obstkompott, Kartoffel-Mehlpudding oder Kuchen. Die polnische Ostregion hebt sich durch ihre hervorragenden Mehl- und Kartoffelspeisen hervor. Unvergleichlich sind auch die hiesigen Maultaschen mit den vielfältigsten Füllungen wie etwa Fleisch, Käse, Kraut, Pilze, Hirse und Buchweizengrütze sowie mit süßen Farcen, u.a. mit Blaubeeren, Himbeeren, Sauerkirschen oder Topfen. Das kulinarischen Schlager von Podlasie sind Kartoffelnapfkuchen und Kartoffelwurst, und in der Region Lublin sollte man unbedingt eine köstliche Buchweizen-Pirogge oder kulebiak probieren, eine Art Heferolle mit vorwiegend Fleisch-Pilz-Farce.

Auch das „kompot" spielt in der polnischen Küche eine bedeutende Rolle. Vom deutschen Kompott unterscheidet es sich dadurch, dass es in Gläsern (also zum Trinken mit viel Saft) und nicht in Schüsselchen serviert wird.

Im polnischen kulinarischen Brauchtum ist das Mittagsmahl am ersten Weihnachtsfeiertag und am Ostersonntag seit Jahrhunderten an die Tradition gebunden. Zu Weihnachten stehen somit Gans, Pute oder warmer Schinken auf der Speisekarte. Am Ostersonntag an dem traditionsgemäß (vor allem auf dem Lande) kein warmes Mittagessen vorgesehen ist, serviert man meist kalte Platten, Sahnemeerrettich, Rote Rüben mit Meerrettich und Mixed Pickles, Brot und Hefekuchen.

Mittagessen, bescheiden oder feierlich

Maultaschen, Knödel, Kartoffelklöße und Eierkuchen

Zum polnischen Mittagessen gehören unbedingt auch aus Mehl zubereitete Speisen, von denen besonders die in Ostpolen beliebten Maultaschen hervorzuheben sind. Ob gekocht oder gebacken, gefüllt mit Buchweizengrütze, Hirse (oft mit einem Hauch Minze), Weißkäse, Linsen, Rinder- und Schweinehack oder gar Innereien, ihr Geschmack ist einfach himmlisch. Nahezu in jeder Region werden zu Heiligabend Maultaschen mit Kraut- und Pilzfülle gereicht. Maultaschen gibt es auch in der süßen Variante gefüllt mit Heidelbeeren, Sauerkirschen oder Himbeeren. Hefeklöße werden hingegen mit herzhafter Fleischsoße oder mit Obst gegessen. Einen nicht weniger wichtigen Platz nehmen in der polnischen Küche mit Fleisch gefüllte Kartoffelklöße ein, die wegen ihrer Ähnlichkeit mit Kartätschen *kartacze, kanony* oder *bomby* genannt werden. Zu Mittag gibt es ebenfalls oft süße Eierkuchen mit Topfen oder Marmelade.

Klöße

Für das schlesische Mittagessen bezeichnend sind Rindsrouladen mit kleinen abgeflachten Klößen (mit Delle in der Mitte) und Rotkraut. Aber ebenfalls rohe Klöße haben ihre treuen Anhänger. Wenn Fleischbrühe angesagt ist, gibt es dazu ausschließlich selbst gemachte Nudeln oder Spätzle. Äußerst beliebt sind ebenfalls die kleinen, aus Mehl und gekochten Kartoffeln gezauberten *kopytka*, die meist zum Rinderbraten serviert werden. In Großpolen wiederum werden als Beilage zum Mittagessen sog. *rwańce* auftafelt. Dabei handelt es sich um unregelmäßig „gezupfte" Teigstücke, die in Salzwasser gekocht werden; in Masowien nennt man sie *kluski kładzione*.

Mittagessen, bescheiden oder feierlich

Kompott

Selbst gemachtes Kompott war schon immer der Stolz jeder Hausfrau. Kaum war es Sommer, da wanderten auch schon die ersten Kompottgläser mit reifen Erd-, Him-, Stachel-, Johannis- und Blaubeeren sowie Aprikosen bis zum Winter in die Vorratskammer. Im Herbst gesellten sich ihnen Apfel-, Birnen- und Pflaumenkompott sowie frisch gepflückte Wallnüsse hinzu. Ebenfalls heute ist Kompott ein beliebtes Getränk zum Mittagessen, das immer häufiger auch in Kompottschüsselchen als Dessert triumphiert. Ganz besonders hübsch präsentiert es sich, wenn der Boden des Gefäßes mit mehreren Obstsorten bedeckt und mit klarem Pfirsich-, Birnen oder Reneklodensirup übergossen wird. Eine besondere Beigabe zu anderen Desserts ist Kompott aus heute fast unbekannten Bergamotbirnen, die in dickem Sirup mit Zitrone, Zimt und Nelken gekocht werden. In der altpolnischen Küche waren ebenfalls Obstmarinaden, sog. „scharfes" Kompott bekannt, also in Weinessig eingelegte Birnen, Pflaumen, Sauerkirschen und Melonen, die zum Braten und Aufschnitt gereicht wurden.

Mittagessen, bescheiden oder feierlich

Rohkost

Als Beigabe zu den Hauptgerichten nehmen Kopfsalat sowie Gurkensalat (*mizeria*) „nach polnischer Art" einen wichtigen Platz ein, wobei der letztgenannte vor allem zu Brathähnchen gereicht wird. Der mit saurer Sahne, etwas Zucker, Zitronensaft und Dill zubereitete Gurkensalat schmeckt am besten im Sommer. Mit einem ähnlichen Dressing wird auch der delikate Kopfsalat angerichtet, den man zusätzlich mit Eivierteln dekoriert. Ein weiterer saisonaler Salat besteht aus Tomaten, die mit klein gewürfelter Zwiebel oder Schnittlauch bestreut werden. Im Winter beherrschen Sauerkraut und saurer Rotkohl die Speisekarte, zwei Gemüse, die seit Jahrhunderten auf den ländlichen und herrschaftlichen Tischen Polens präsent sind. Kraut wird mit Apfel, Zwiebel und Möhre zubereitet und mit Kümmel, Essig oder Zitrone und Öl abgeschmeckt. Ferner sind Porreesalat mit Sahne sowie geriebener Sellerie mit Apfel und Sahne beliebt.

 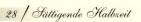

Mittagessen, bescheiden oder feierlich

Gemüse

Man kann sich wohl kaum einen polnischen Mittagstisch nur mit
Braten und ohne die herkömmlichen Gemüsebeilagen vorstellen.
So fehlt es also nie an gekochten Roten Rüben verfeinert mit
Mehlschwitze, Butter und mancherorts auch mit Sahne.
Zum Schweinebraten und Kotelett passt ausgezeichnet
gedünstetes Sauerkraut mit gebratener Zwiebel
und in der Fastenzeit mit Erbsen, Bohnen oder
getrockneten Pilzen. In Westpolen und Schlesien ist
Rotkraut äußerst beliebt, das hervorragend
zu Geflügel, vor allem Gans und Ente, aber auch
zu Rindfleisch passt. Nicht weniger geschätzt
sind Möhre mit grünen Erbsen und
gekochter Blumenkohl, der mit in Butter
gebratener geriebener Semmel
übergossen wird.

Soßen

Zu Aufschnitt und Fleisch werden in Polen die vielfältigsten Soßen serviert: Tatarensoße
mit zerstrichenem hart gekochtem Ei und Gewürzgurken, Meerrettichsoße mit Honig und Öl
oder Sahne, Senfsoße, Dillsoße oder auch Vinaigrettesoße mit Senf und zerdrücktem Knoblauch.
Von den erlesenen Soßen sind zu nennen: mit Zucker zerriebene rohe Moosbeeren sowie
Preiselbeeren gekocht mit Birnen bzw. Äpfeln. Zu den polnischen Spezialitäten gehören ferner
zum Fleisch gereichte ćwikła, also mit Meerrettich geriebene Rote Rüben, die kein Pole
auf der festlichen Ostertafel missen möchte. Von den heißen Tunken, die zu warmen
Fleischgerichten gereicht werden, sind vorzugsweise zu nennen: die altpolnische
Bier- und Zwiebelsoße, die „weiße" Zitronensoße, die traditionelle „graue" Soße,
die dem Heiligabendkarpfen vorbehalten ist, Meerrettichsoße, Obstsoßen
und eine breite Auswahl an Pilzsoßen.

Sauerkrautsuppe

Kleinpolen

1½ l Wasser
½ kg Sauerkraut
5 große Kartoffeln
geräuchertes Rippchen
½ l saure Sahne
Zwiebel
Esslöffel Schmalz
Teelöffel Kümmel
Salz
Lorbeerblatt
Pfefferkörner

Das Rippchen fast gar kochen, Sauerkraut, Pfeffer, Lorbeerblatt hinzufügen und so lange dünsten, bis das Kraut weich ist. Rippchen herausnehmen, die Knochen entfernen und das Fleisch würfeln. Kartoffeln kochen, im Kochwasser zerstampfen und alles zusammen zum Kraut geben. Die gewürfelten Fleischstückchen hinzufügen. Das Fett auslassen und darin Kümmel und in feine Würfel geschnittene Zwiebel anbraten – zur Suppe geben. Mit Sahne abschmecken und mit Brot reichen.

Schwarzsauer nach Kramsker Art

Gänseklein (Hals, Flügel, Beine,
Herz, Magen, Leber)
1 l Wasser
Suppengrün
100 g Dörrpflaumen
50 g Dörräpfel
Gänseblut
2 Esslöffel Mehl
Piment
1 Lorbeerblatt

Aus Suppengrün und Gänseklein eine Brühe kochen, gegen Ende der Kochzeit das Dörrobst hinzugeben. Das weiche Gänseklein aus der Brühe nehmen. Blut mit Mehl verquirlen, in den Sud gießen und aufkochen. Das gewürfelte Gänseklein dazugeben und mit selbst gemachten Nudeln oder Kartoffelpüree servieren.

Traditionelle Fleischbrühe

Masowien

1 Huhn
250 g Putenbrust
200 g Kalbfleisch
2 große Möhren
4 kleine Petersilienwurzeln
2 mittlere Zwiebeln
Bund Petersilie
Bund Dill
Salz
Pfefferkörner
Piment

Das geteilte Huhn und übrige Fleisch in einem großen Topf mit kaltem Wasser und den geschälten Möhren ansetzen. Während des Kochens ab und zu den Schaum abschöpfen. Petersilienwurzel, Zwiebel sowie das Petersilien- und Dillbund zur Brühe geben. Auf kleiner Flamme köcheln. Wenn die Petersilienwurzel weich ist, einen Löffel frische Butter, einige Pfefferkörner und Piment dazugeben. Weitere 15 Minuten kochen. Die Gesamtkochzeit der Fleischbrühe sollte höchstens 2 Stunden betragen. Die Brühe mit Nudeln, am besten hausgemachten, und mit Petersilie bestreut auftragen.

Erbsensuppe nach Bauernart

Świętokrzyska-Land

300 g Erbsen
400 g gemischtes Schweinefleisch
(Schulter, Keule, Rippchen)
100 g Schwarzfleisch
100 g Graupen
1 Möhre
1 Petersilienwurzel
1 Zwiebel
5 mittelgroße Kartoffeln
Salz
Majoran

Erbsen auslesen, waschen und über Nacht in abgekochtem Wasser einweichen. Am nächsten Tag aufkochen und zwei Stunden im Wasser stehen lassen. Danach durchs Sieb rühren oder mixen. Die Graupen mit dem Fleisch kochen. Wenn die Graupen weich sind, das in Würfel geschnittene Suppengrün und die Kartoffeln hinzufügen. Weich kochen. Die pürierten Erbsen hinzufügen und umrühren. Das gewürfelte Schwarzfleisch mit der Zwiebel braten und ebenfalls zur Suppe geben. Mit Salz und Majoran abschmecken. Die Erbsensuppe kann man mit gehackter Petersilie verfeinern.

Herkömmliche Kalte Suppe

Masowien

1½ l saure Milch oder Kefir
½ l Sahne (18%)
1 Bund Radieschen
1 Bund Schnittlauch
1 Bund Dill
1 Bund Petersilie
1 Bund junge Rote Rüben mit
Blättern
1 große grüne Gurke
2 Knoblauchzehen
¼ Glas Rotrübenkonzentrat
1 Esslöffel Zucker
Salz
Pfeffer
1 Esslöffel Zitronensaft

Rote Rüben mit Blättern klein schneiden und in wenig Salzwasser kochen. Abkühlen lassen. Mit dem Schneebesen geschlagene Sauermilch oder Kefir sowie Sahne, Rotrübenkonzentrat hinzugeben und verrühren. Schnittlauch klein schneiden, Petersilie und Dill hacken, die Gurke und Radieschen würfeln und mit dem gehackten Knoblauch zur Kalten Suppe geben. Mit Salz, Zucker, Pfeffer und Zitronensaft abschmecken. Leicht verrühren und für einige Stunden in den Kühlschrank stellen. Mit hart gekochtem Ei auftragen.

Kohlrouladen

Region Lublin

mittelgroßer Kohlkopf
mit weichen Blättern
250 g Schweinehack
250 g gehackte junge Gänsebrust
Glas Reis
große Zwiebel
Ei
3 Teelöffel Sahne
2 Esslöffel
Tomatenmark
1½ Esslöffel Mehl
Salz
Pfeffer
Piment
Lorbeerblatt

Kohlblätter abbrühen und die dicken Enden entfernen. Das Brühwasser beiseite stellen. Fleisch sorgfältig mit fein gewürfelter Zwiebel,
Ei, Salz und Pfeffer vermengen. Reis körnig kochen, das Fleisch dazugeben und alles gut vermengen. Die entstandene Füllung auf die Kohlblätter
verteilen, seitlich einschlagen und einrollen. Die Rouladen in einen tiefen Topf geben, mit Kohlblättern bedecken und mit dem Brühwasser
übergießen. Lorbeerblatt und einige Pimentkörner dazugeben und zugedeckt dünsten, bis die Rouladen weich sind. Können ebenfalls in der Röhre
gebacken werden. Den Sud, in dem die Rouladen gedünstet wurden, mit Mehl, Sahne und Tomatenmark binden. Aufkochen,
mit Salz und Pfeffer abschmecken. Zu Kohlrouladen eignen sich am besten Kartoffeln oder Brot.

Kartätschen

Podlasie

3 kg Kartoffeln
300 g Schweinefleisch
200 g Rindfleisch
150 g Schwarzfleisch
2 Zwiebeln
Knoblauchzehe
Pfeffer
Salz
Esslöffel Fett

Das Fleisch durch den Wolf drehen, die gewürfelten, mit Fett angebratenen Zwiebeln und den zerdrückten Knoblauch hinzugeben. Mit Salz und Pfeffer abschmecken. Kartoffeln schälen, waschen und reiben. In ein Leinentuch füllen und sorgfältig in eine Schüssel ausdrücken. Das erhaltene Kartoffelmehl zurück an die Kartoffelmasse geben. Mit kochendem Wasser brühen und zu einem geschmeidigen Teig verarbeiten. Aus dem Fleisch Kügelchen formen, mit dem Kartoffelteig umhüllen und ovale Klöße formen. In einem großen Topf Salzwasser zum Kochen bringen. Die Kartätschen (nicht zu viele auf einmal) darin auf kleiner Flamme ca. 1½ Stunden garen. Abgießen und mit Schwarzfleischgrieben und gebratener Zwiebel servieren.

Kartoffelpuffer

Karpatenvorland

5 große Kartoffeln
3 Eier
200 g trockenes Brötchen
Milch
½ Glas Sahne
40 g Hefe
1 Teelöffel Zucker
Öl zum Braten
Salz

Brötchen in Milch einweichen. Kartoffeln schälen, fein reiben und auspressen. Das Brötchen ausdrücken und mit den Kartoffeln vermengen. Hefe, Sahne, Eigelb, Zucker und Salz (nach Geschmack) zufügen. Sorgfältig vermengen und zum Aufgehen beiseite stellen. Wenn die Masse aufgegangen ist, vorsichtig den Eischnee unterheben und dünne Plätzchen von beiden Seiten goldbraun braten. Mit saurer oder süßer Sahne bzw. mit Pilzsoße servieren.

Altpolnischer bigos

Świętokrzyska-Land

1½ kg Weißkraut
1 kg Sauerkraut
300 g Schweinefleisch
(Schulter, Kamm)
300 g Rinderbraten
200 g Rauchfleisch
150 g Schinken,
Schinkenspeck und Lendenfilet
200 g magere gebratene Wurst
500 g Schmalz
50 g getrocknete Pilze
150 g Dörrpflaumen ohne Kern
2 Zwiebeln
1 Glas trockener Rotwein
Salz
Pfeffer
Lorbeerblatt
einige Wacholderbeeren
Piment

Das Weißkraut hobeln, überbrühen, in den Topf geben und mit Wasser auffüllen. Lorbeerblatt, Piment und fein gewürfelte, in Fett glasig gebratene Zwiebel hinzufügen. Weich kochen. Das Sauerkraut ausdrücken, mit dem Pilzsud übergießen, gekochte, in Streifen geschnittene Pilzen, Wacholder und Pflaumen dazu geben und auf kleiner Flamme garen. Wenn es weich ist, mit dem Weißkraut vermengen und mit drei Glas Wasser auffüllen. Das Schweinefleisch in Würfel schneiden, in Fett anbraten und zusammen mit dem Bratfett zum Kraut geben. Etwa 3 Stunden auf kleiner Flamme dünsten. Acht geben, dass der bigos nicht anbrennt. Am nächsten Tag erneut 3 Stunden dünsten. Dann für einige Stunden von der Flamme nehmen. Rinderbraten, Rauchfleisch, Wurst, Schinken, Schinkenspeck und Lendenfilet würfeln, von allen Seiten in Fett anbraten und mit dem Kraut vermengen. Nochmals 2-3 Stunden dünsten. Eine halbe Stunde vor dem Auftragen den Rotwein zugießen. Mit Salz und Pfeffer abschmecken und bis zu zwanzig Minuten dünsten.

Netzwurst

1 kg Schweinehack
500 g Rinderfilet
2 Zwiebeln
5 Eigelb
2 Knoblauchzehen
Majoran
Kümmel
Salz
Pfeffer

Hackfleisch mit Eigelb und Gewürzen vermengen, gut durchkneten. Rinderfilet salzen, pfeffern. Lende auf das Hack legen, andrücken und eine Rolle formen. In Alufolien (anstatt Schweinsnetz) wickeln und bei 180°C etwa 1 Stunde in der Röhre backen. Nach dem Abkühlen in den Kühlschrank stellen. Danach in Scheiben schneiden. Schmeckt hervorragend zu Brot oder am nächsten Tag aufgewärmt.

Putenbraten mit Wacholder

Masowien

Pute (3½ bis 4 kg)
80 g Butter
2 Zwiebeln
2 Knoblauchzehen
etwa ein Dutzend
Wacholderbeeren
Salz
Pfeffer

Die Pute reinigen, Sehnen aus den Keulen entfernen, danach die Haut längs am Rücken durchtrennen; Haut und Fleisch leicht von den Knochen lösen (außer den Keulen- und Flügelansatz). Pute mit Salz, Pfeffer und zerdrücktem Wacholder einreiben. 12 Stunden ziehen lassen. Danach die Pute dressieren, mit ausgelassener Butter bestreichen, Blech oder Bratpfanne mit Alufolie bedecken, die Pute drauflegen und in den heißen Backofen schieben. In 220°C braten, bis sie goldbraun ist. Dann umdrehen, mit etwas Wasser bespritzen, die Temperatur senken und 1½ Stunde weiter braten, ab und zu mit dem entstandenen Bratensaft begießen. Die Keulen von Zeit zu Zeit mit der Gabel prüfen, ob sie weich sind. Pute wird mit gebackenen Kartoffeln oder Pommes frites, Preiselbeeren, Moosbeeren, mariniertem Obst oder Rotkohlsalat gereicht.

Ente mit Moosbeeren

Pommern

Ente mit Entenklein
300 g Schweinehack
2 säuerliche Äpfel
100 g Dörrpflaumen
Ei
Zwiebel
Majoran
Basilikum
Knoblauch
Pfeffer
Salz

Ente innen und außen mit den Gewürzen einreiben und über Nacht in den Kühlschrank stellen. Am nächsten Tag das Gänseklein hacken, mit dem Schweinefleisch und Ei vermengen und abschmecken. Mit der Farce, Apfelstückchen und Dörrpflaumen (einige für die Soße beiseite legen) die Ente füllen und in die Bratpfanne legen. Die Röhre auf 180°C vorheizen und die Ente ca. 40 Minuten braten. Danach die restlichen Apfelstückchen und Pflaumen in die Bratensoße geben, nochmals 30 Minuten braten. Die Ente ab und zu mit der entstandenen Soße begießen. Mit Bratkartoffeln und Moosbeeren reichen.

Wildschweinbraten

Lubuska-Land

2½ kg Wildschweinschinken
½ Glas Schlagsahne
Mehl
Piment
Wacholder
1 Lorbeerblatt
Pfeffer
Salz

Beize:
1 l Wasser
½ Glas Weinessig
2-3 Lorbeerblätter
Piment
zerdrückte Wacholderbeeren
2 zerdrückte Knoblauchzehen
je ½ Teelöffel Zimt, Majoran,
Koriander, Estragon und Thymian
je ¼ Teelöffel Pfeffer,
Kümmel und einige Nelken
100 g Zwiebel

Essig mit Wasser, Lorbeerblättern, Piment, Wacholder, Majoran und Salz zum Sieden bringen. Abkühlen lassen. Das Fleisch mit Thymian, Koriander, Estragon, Majoran und Knoblauch einreiben. In einen Steintopf geben, mit Zwiebelscheiben belegen und mit der Beize übergießen (muss das Fleisch bedecken). Zimt und Nelken hinzufügen. 5-6 Tage kühl stellen und ziehen lassen, wobei das Fleisch mehrmals zu wenden ist. Anschließend Fleisch aus der Beize nehmen, abspülen, salzen, pfeffern und für 1-2 Stunden kühl stellen. Danach den Schinken von allen Seiten in Fett anbraten, in die Bratpfanne legen und in die auf 200°C vorgeheizte Röhre schieben. Während des Bratens ab und zu mit der Gemüsebrühe begießen. Wenn das Fleisch weich ist, aus der Röhre nehmen, den Fond durchs Sieb seihen, mit Sahne binden und auf kleiner Flamme köcheln lassen. In Scheiben geschnitten auf der Platte anrichten und mit Rosinen-Nuss-Hirse servieren. Die Soße getrennt reichen.

Lammbraten

Kleinpolen

1 kg Lammkeule
Zwiebel
2 Knoblauchzehen
Saft einer halben Zitrone
einige Pimentkörner
Lorbeerblatt
Salz
Pfeffer
Majoran
4 Esslöffel Öl

Fleisch von allen Seiten mit den Gewürzen (vermengt mit zerdrücktem Knoblauch und Zitronensaft) einreiben. In eine Schüssel geben und mit Zwiebelscheiben belegen. Zugedeckt für einige Stunden in den Kühlschrank stellen. Danach herausnehmen, die Gewürze und Zwiebel entfernen und das Fleisch mit Salz einreiben. Auf starker Flamme von allen Seiten anbraten. In einen Topf Öl gießen, das Fleisch darauf legen und die vordem entfernten Gewürze sowie Zwiebel hinzufügen. Mit heißem Wasser übergießen und weich dünsten. Vor dem Servieren in Scheiben schneiden, auf einer angewärmten Platte mit gebackenen Kartoffeln anrichten. Die Soße (kann mit 2 Esslöffeln Jogurt und einem Teelöffel Mehl gebunden werden) getrennt reichen.

Krebsschwänze

Ermland und Masuren

ca 30 Krebse
oder gekochte Krebsschwänze
2 Petersilienwurzeln
1 Bund Dill
Salz
3 Teelöffel Sahne
200 g Butter
2 Zwiebeln
2 große Knoblauchzehen

Krebse mit Petersilienwurzel, Dill, Salz und Knoblauch kochen. Danach die Krebsschwänze herauslösen. In einer großen Pfanne Butter zerlassen, die gewürfelte Zwiebel anbraten, Knoblauch und Krebsschwänze hinzugeben und von allen Seiten braun braten. Mit Sahne und gehacktem Dill abschmecken. Krebsschwänze eigenen sich hervorragend als warme Zwischenmahlzeit.

Dorsch in Safransoße

Westpommern

250 g Dorschfilet
Brokkoli
1 halbes Bund Dill
1 g Safran
Zitronenpfeffer
Salz
Zitrone
100 ml Fischfond
25 ml Weißwein

Fisch mit Zitrone, Salz, Zitronenpfeffer und Dill einreiben und anschließend braten. Den Brokkoli mit Salz-Zuckerwasser abbrühen.
Für die Soße zum heißen Fischfond Safran, klein gehackten Dill und Wein geben. Mit weißer Mehlschwitze binden.

Gebackene Forelle mit Knoblauch

Niederschlesien

4 Forellen
2 Esslöffel Butter
2 Knoblauchzehen
Salz
Pfeffer

Fisch säubern, ausnehmen, von außen leicht salzen, und innen mit Salz, Pfeffer und zerdrücktem Knoblauch einreiben.
In der Bratpfanne die Hälfte der Butter zerlassen, Fisch hineinlegen und auf jede Forelle ein Stückchen Butter geben.
Etwa 30 Minuten backen. Mit Salzkartoffeln und Krautsalat anrichten.

Tafelspitz nach polnischer Art

Masowien

*1 kg junges Rindfleisch ohne
Knochen (Hüftstück oder Brust)
Suppengrün mit Wirsingkohl
Zwiebel
einige Pfeffer- und Pimentkörner
¼ Teelöffel Kümmel
2-3 getrocknete Pilze
Salz*

*Meerrettichsoße:
2 Gläser saure Sahne
3 Esslöffel geriebener Meerrettich
3 rohe Eigelb
Esslöffel Butter
Esslöffel Essig
Salz*

Fleisch in etwa 2 Liter siedendes Salzwasser geben und 30 Minuten kochen. Danach Gewürze, Suppengrün und mit der Schale gebräunte Zwiebel hinzufügen. Auf kleiner Flamme köcheln lassen bis das Fleisch weich ist. Aus der Brühe nehmen, quer zur Faser in Scheiben schneiden und auf einer vorgewärmten Platte anrichten. Das Suppengemüse klein schneiden, in einen Topf geben und mit dem Gemüsefond übergießen, salzen. Mit Mehl binden und aufkochen. Das Gemüse rings um das Fleisch reihen, mit Meerrettichsoße begießen und mit Semmelbrösel bestreuen.

Zur Meerrettichsoße werden Sahne mit geriebenem Meerrettich und Eigelb verquirlt. Die Kreme salzen und mit einem Esslöffel Butter köcheln. Wenn sie dick wird, den Essig hinzufügen und umrühren.

Ruthenische Maultauschen

Region Lublin

Teig:
450 g Mehl
2 Eier
2 Esslöffel Öl
warmes Wasser

Farce:
1½ kg gekochte Kartoffeln
1 kg Quark
2 Eier
150 g Butter
große Zwiebel
2 Esslöffel Pfefferminze
Salz
Pfeffer

Zum Begießen:
150 g Schwarzfleisch
oder Speck
große Zwiebel

Farce: Kartoffeln, Quark und Butter durch die Maschine drehen. Eier, mit Öl glasig gebratene Zwiebel, Pfefferminze und Gewürze hinzugeben. Alles gut verarbeiten.

Teig: Mehl aufs Nudelbrett sieben, 1 Ei, Öl und so viel heißes Wasser zufügen, dass ein nicht zu fester, geschmeidiger Teig entsteht. Den Teig so lange kneten, bis er nicht mehr am Brett kleben bleibt. Runde oder quadratische Maultaschen ausstechen, mit der Farce belegen, zudrücken, in reichlich Salzwasser mit etwas Öl kochen. Speck oder Schwarzfleisch würfeln, auslassen, mit fein geschnittener Zwiebel braten und auf die Maultaschen geben.

Waldpilze in Sahne

Ermland und Masuren

1 kg frische Steinpilze,
Butterpilze,
Honigpilze oder Maronenpilze
2 Esslöffel Butter
2 mittlere Zwiebeln
Esslöffel Mehl
Glas saure Sahne
Salz
Pfeffer

Die mittelgroßen jungen Pilze reinigen und in Scheiben schneiden. Zwiebel schälen, würfeln und kurz in Butter schwenken (nicht bräunen). Die Pilze dazugeben, salzen und auf kleiner Flamme zugedeckt dünsten. Von Zeit zu Zeit umrühren, damit sie nicht am Topfboden kleben bleiben. Wenn die Pilze weich sind, mit Mehl überstäuben, noch eine Weile dünsten. Danach Sahne dazugießen, mit Pfeffer abschmecken. Zu Sahnepilzen reicht man Salzkartoffel mit gehacktem Dill oder Brot mit frischer Butter.

Pilze in Honig

Ermland und Masuren

1 kg kleine Steinpilze
Glas Essig (10%)
3 Glas Wasser
8 Esslöffel Blüten-
oder Lindenhonig
200 g Perlzwiebeln
Nelken
Senfkörner
4 Teelöffel Salz

Pilze säubern (dicke Stile entfernen). Wasser mit Salz und 1 Esslöffel Essig kochen und die Pilze hinein geben. 15 Minuten kochen lassen, abgießen und mit kaltem Wasser abschrecken. Nach dem Abtropfen lose in Twistgläser füllen und je 6 Nelken und einen flachen Teelöffel Senfkörner hinzugeben. Für die Marinade Wasser mit Essig, Salz und den Perlzwiebeln aufkochen und heiß in die Gläser mit den Pilzen füllen. Dabei sollten sich in jedem 2-3 Zwiebeln befinden. Gläser zuschrauben und 15 Minuten pasteurisieren.

Rippchen

Großpolen

350 g Rippchen
50 g Pfifferlinge
80 ml Sahne (36%)
50 ml Rotwein
1½ Esslöffel Honig
Petersilie
Rosmarin
Thymian
2 Knoblauchzehen
1 Zwiebel
Salz
Pfeffer
Öl

Aus Wein, Honig, Öl, Rosmarin, Thymian und Knoblauch eine Marinade zubereiten. Die Rippchen 24 Stunden marinieren, anschließend zugedeckt in 180°C braten. Nach einer Stunde den Wein zugießen und weitere 15 Minuten garen. Zwiebel fein hacken und zusammen mit den Pfifferlingen anbraten. Sahne dazugießen und dünsten, bis die Flüssigkeit leicht einkocht. Mit Salz und Pfeffer abschmecken und mit gehackter Petersilie bestreuen. Die mit Soße übergossenen Rippchen passen hervorragend zu Schlesischen Kartoffelknödeln mit gedünstetem Kraut.

Rindsrouladen

Schlesien

800 g Rindfleisch (Hüftstück)
100 g geräuchertes Schwarzfleisch
150 g Wurst
1 saure Gurke
2 Zwiebeln
einige Wacholderbeeren
einige Trockenpilze
1 Esslöffel Tomatenmark
1½ Esslöffel Mehl
3 Teelöffel Sahne
2-3 Esslöffel Öl
Salz
Pfeffer

Fleisch quer zur Faser in dünne Scheiben schneiden, klopfen und jedes Stück mit einer Scheibe Schwarzfleisch und einem länglichen Gurkenstreifen belegen. Zusammenrollen, mit Faden umwickeln oder mit Rouladenspießchen zustecken. Die Rouladen salzen, pfeffern und in Mehl wälzen.
In der Pfanne Fett zerlassen, die Rouladen von allen Seiten anschmoren, die vorher eingeweichten Trockenpilze, in Scheiben geschnittene Zwiebel, Wacholder und klein geschnittene Wurst dazugeben. Mit Wasser bis zu ⅓ Pfannenhöhe auffüllen und auf kleiner Flamme gar dünsten.
Gegen Ende die Soße mit einem Teelöffel Mehl, Sahne und Tomatenmark verfeinern.

Saure Gurken im Glas

1 kg mittelgroße, nicht vollkommen
ausgereifte Gurken
¾ l Wasser
1,5 Esslöffel Salz
einige Knoblauchzehen
1 Meerrettich
1 Bund Gurkenkraut
mehrere Lorbeerblätter
mehrere Schwarze Johannisbeer-
oder Sauerkirschblätter
1 Teelöffel Senfkörner

*Die Gurken senkrecht in die gewaschenen und ausgebrühten Gläser schichten. In jedes Glas eine Knoblauchzehe, ein Stück Meerrettich,
ein Lorbeerblatt, einige Senfkörner, einen Zweig Gurkenkraut, ein Sauerkirsch- oder Johannisbeerblatt geben. Wasser mit Salz aufkochen
und heiß über die Gurken gießen (müssen vollkommen bedeckt sein). Die Gläser verschließen und 2-3 Tage in Zimmertemperatur stehen lassen.
Danach im kühlen Keller oder Vorratsraum aufbewahren.*

Kuttelflecke vom Rind

Masowien

500 g Rinder- oder Kalbsflecke
1 Bund Suppengrün mit Zwiebel
und Porree
1 Esslöffel Schmalz
2 Esslöffel Mehl
4 Esslöffel Sahne
Salz
Pfeffer
Majoran
Muskat

Die Kuttelflecke säubern, mehrmals gründlich spülen. Ins kochende Wasser geben, aufkochen und abgießen. Danach mit frischem heißem Wasser auffüllen, die Zwiebel dazugeben und weich kochen. Abgießen und in dünne Streifen schneiden. Das Suppengrün ebenfalls in Streifen schneiden und in 1 l Wasser weich kochen. Flecke dazugeben, mit Mehlschwitze aus Mehl und Schmalz binden, aufkochen. Zum Schluss mit Salz, Pfeffer, Majoran und geriebener Muskatnuss abschmecken und die Sahne einrühren. Heiß mit frischem Weizen- oder Vollkornbrot auftischen.

Rindslende mit Waldfrüchten

250 g Rindslende
2 Kartoffeln
eine Hand voll Waldfrüchte (Preisel-,
Brom- und Heidelbeeren)
50 ml trockenen Rotwein
2 Knoblauchzehen
2 Zweige Rosmarin
6 große Spinatblätter
5 Kopfsalatblätter
Pfeffer

Aus Wein, Knoblauch, Rosmarin eine Marinade herstellen und Rindslende darin einlegen. Nach 48 Stunden die Lende grillen. Kartoffeln halbieren und frittieren. In einem kleinen Topf den Wein erhitzen. Früchte, Zucker und Knoblauch dazugeben. Das Ganze auf kleiner Flamme köcheln lassen, bis der Wein verdünstet ist. Die Rindslende mit der entstandenen Soße servieren. Die Dekoration aus Salat- und Spinatblättern mit Vinaigrette beträufeln.

Ein süßes Zwischendurch

Vesper

*D*ie Vesper, heute eher als Nachmittagskaffee verstanden, ist eigentlich schon eine fast in Vergessenheit geratene Mahlzeit, die zwischen Mittagessen und Abendbrot eingenommen wurde. Dabei war sie doch noch in der Mitte des 20. Jahrhunderts ein wichtiger Bestandteil des gesellschaftlichen Lebens. Auf den polnischen Adelsgütern des 19. Jahrhunderts besaß die Vesper ihr eigenes Menü und festgelegtes Ritual. Sie galt als erholsame Plauderstunde in netter Atmosphäre, die gern mit Gästen verbracht wurde. So versammelte man sich also an warmen Sommernachmittagen auf der Veranda, Terrasse oder im Garten am, wie könnte es anders sein, üppig gedeckten Tisch und genoss die damaligen Vesperdelikatessen wie erlesene Pasteten (besonders aus Wild), Geflügelsalate, vielfältige Käsesorten, Rouladen und sogar Kaviar und Hering. Zu Fleisch und Aufschnitt wurden eingelegte Pilze, Birnen, Pflaumen und Paradiesäpfeln gereicht. Ferner selbst gebackenes Brot mit hausgemachter Butter, Wurst, Honig, Pflaumenmus und vielerlei Konfitüre. Ein heute ziemlich eigentümlicher Gaumenschmaus, der in vielen Erzählungen und Memoiren gelobt wurde, war mit Honig bestrichene frische grüne Gurke, an der man sich vor allem in den betuchten Gutshäusern gütlich tat.

Vornehmlich aber wurde zur Vesper Süßes gereicht, köstlicher Kuchen, Kekse sowie Blätterteiggebäck und Weizenwecken, oft mit Obst und Quark gefüllt. Zur Erfrischung gab es ebenfalls Götterspeise, Pudding und Sorbets, Früchte aus Wald und Hausgarten wie frische Erd-, Him-, Blau- und Walderdbeeren mit Schlagsahne. Dazu trank man frische Milch, Kaffee oder Tee, Zitronenwasser und kompot. An einem guten Tropfen durfte es ebenfalls nicht fehlen. Da boten sich hausgemachter Schnaps, Likör, Trinkhonig und später ebenfalls Wein (auch aus eigener Kellerei) sowie selbst gebrautes Bier.

Zum Vesperbrot gehörten ferner: Honig vielerlei Trachten wie u.a. Linden-, Akazien-, Buchweizen- und Mehltauhonig; Sauerkirsch-, Süßkirsch- und Erdbeerkonfitüre sowie Konfitüre aus Rosenblättern und aus grünen Tomaten, die scherzhaft als polnische Feigenmarmelade bezeichnet wurde; Topfen aus Kuhmilch mit Schnittlauch, junger Zwiebel, Kräutern oder Obst (großpolnischer gzik), Hartkäse nach französischem und schweizerischem Vorbild, Schafskäse aus Podhale sowie aus der eigenen Käserei, die in der ersten Hälfte des 20.

Jahrhunderts noch zu fast jedem Landgut gehörte. Brot wurde traditionsgemäß selbst gebacken. Noch im 19. Jahrhundert buk man sowohl auf dem Lande wie auch in der Stadt eigenes Brot aus natürlichem Sauerteig. So ein Gärteig wurde in manchen Familien über mehrere Jahre hinweg aufbewahrt und diente zum Ansetzen des nächsten Brotteiges. In den Backofen kamen sowohl Roggenbrot wie auch feines Weizenbrot, leckere Hefewecken und Butterhörnchen. Zum Vesper verführten ebenfalls Unmengen an Kuchen und Törtchen (oft mit Creme), zu denen meist heiße Schokolade getrunken wurde.

Im Laufe der Zeit verwandelte sich die ländliche Vesperstunde in ein Treffen bei Kuchen und Kaffee bzw. Tee. Mit dem ausgeprägten Bürgertum Ende des 19. Jahrhunderts begann die dynamische Blütezeit der Kaffeehäuser, wo man sich, vor allem sonntags, mit der ganzen Familie zum süßen Vergnügen einfand. Diese Cafés waren immer eleganter, und ihr Angebot immer umfangreicher. Die bekanntesten Konditoren ließen sich unentwegt neue Schmankerln und Delikatessen einfallen: Kuchen, Torten und Eis in kunstvoller Gestalt und von einzigartigem Geschmack. Viele Verfasserinnen der Anfang des vorigen Jahrhunderts beliebten Radgeber und Kochbücher waren über das Ausmaß der damaligen Vespergewohnheiten geradezu entrüstet. Eine von ihnen, Karolina Nakwaska, schrieb: /die Vesper/ „… galt eher der Befriedigung der eigenen Völlerei, als der gesunden Ernährung" (Zitat aus *Kuchnia i stół w polskim dworze* /Küche und Tisch auf dem polnischen Gutshof/ von Waldemar Baraniewski. Heutzutage ist die Vesper nur noch den Kindern vorbehalten, denn die überarbeiteten Erwachsenen haben meist keine Zeit für eine nachmittägliche Tee- oder Kaffeepause.

Vesper für jede Jahreszeit

Obstkuchen

Im Sommer wird zum Vesper Kuchen mit vielerlei Saisonobst gereicht. Den Jahresreigen eröffnen Biskuits mit Erdbeeren, Rhabarber, Himbeeren und Johannisbeeren. Danach folgen Mürbeteigtorten und –törtchen mit Heidelbeeren, Aprikosen und Pfirsichen. Wenn dann die Pflaumen- und Apfelzeit beginnt und es in der polnischen Küche nach Pflaumenhefekuchen und Apfelkuchen duftet, geht die Zeit der Obstkuchen mit Frischobst zu Ende. Im Winter haben also Marmeladen und Konfitüren das Sagen, die dem Sonntagskuchen und Festtagsstrudel Geschmack verleihen. In der Faschingszeit langt man vor allem nach Krapfen, gefüllt mit Rosen- oder Sauerkirschkonfitüre sowie mit Pflaumenmus.

Kandierte Früchte

Konfitüre war zweifellos die edelste Beigabe zum Nachmittagstee. Dabei handelte es sich selbstverständlich um hausgemachte Köstlichkeiten aus Erdbeeren, Himbeeren, Johannisbeeren, Aprikosen, Renekloden sowie aus Waldfrüchten wie Preiselbeeren, Moosbeeren, Heidelbeeren, Vogelbeeren, Brombeeren, Holunder- und Schlehdornbeeren. Darüber hinaus waren ebenfalls kandierte Früchte (sog. „trockene" Konfitüren) beliebt, also mehrmals in Zucker aufgekochte Birnen, Sauerkirschen, Pflaumen oder in Honig gekochte Wall- und Haselnüsse sowie Himbeer-, Aprikosen-, Pfirsichsorbetts, Fruchtquarks und Marmeladen.

Spirituosen

Nichts geht über guten hausgemachten Likör und Schnaps, für den nur hochklassiger Spiritus in Frage kommt. Wichtig ist, dass die Früchte nicht zu lange im Alkohol verbleiben sowie eine mindestens sechsmonatige Lagerung. In Polen wird auch heute noch Obstschnaps und Magenlikör angesetzt, meist aus Apfelsinen, Sauerkirschen, Zitronen, Pflaumen. Beliebt ist ebenfalls Ratafia aus Mischobst. Zum Kuchen trank man am liebsten Liköre: Schoko-, Kaffee-, Sauerkirsch-, Apfelsinen-, Himbeer-, Walderdbeer-, Rosen- und Eierlikör. Hinzu kommen noch die typisch polnischen Trinkhonige, die je nach dem Verhältnis von Wasser und Honig in półtorak, dwójniak, trójniak und czwórniak unterschieden werden. Zu den beliebten polnischen Spirituosen gehören des Weiteren das erfrischende selbst gebraute Wacholderbier mit Honig, leichte Obstweine, besonders Apfel-, Sauerkirsch-, Himbeer-, Stachelbeer- und Johannisbeerwein sowie Wein aus den aromatischen einheimischen Trauben.

Früchte- und Kräutertee

Anstatt schwarzen Tees wird in Polen ebenfalls gern Früchtetee,
u.a. Zitronen-, Apfelsinen- und Hagebuttentee getrunken.
Das Remedium für kalte Herbst- und Wintermonate ist Kräutertee
aus Himbeer-, und Himbeerblättern, und bei Erkältung hilft der altbewährte
Lindenblütentee. Um die Abwehrkräfte zu stärken sind Teemischungen aus
Waldfrüchten wie Himbeeren, Heidelbeeren, Preiselbeeren, Brombeeren,
Weißdorn und Vogelbeeren das Allerbeste.

Milchgetränke

Erfrischende Milch- und Sahnegetränke sind fester Bestandteil
des sommerlichen Vespers. Zu den typischen Milchgetränken,
die schon immer in Polen beliebt waren, gehören saure Milch
und Buttermilch, die heute von Kefir und Jogurt verdrängt
werden. Kinder mögen vor allem Milch-, Kefir- und Sahneshakes
mit frischem Saisonobst wie Him-, Erd- und Heidelbeeren sowie
Aprikosen. Im Winter werden die Milchshakes aus Gefrierobst
oder Kompott gemixt.

Regionales Backwerk

Zu Ostern spielen Hefenapfkuchen mit Rosinen und Nüssen sowie Zuckerglasur
die Hauptrolle auf dem Festtagstisch. Zu Weihnachten lässt man sich vor allem
Hefemohnrollen und Honigkuchen schmecken. Wenn in Schlesien gefeiert
wird, ist stets Mohn-, Quark- oder Apfelstreuselkuchen dabei, und in
Podlasie der Baumkuchen aus 60 Eiern. Die Krakauer Konditoren sind
wahre Meister wenn es u.a. um die knusprig geschlungenen Kringel
obwarzanki geht. Im Karpartenvorland gehört zur Hochzeit das
reich verzierte Korowei-Brot dazu, und Kurpien ist seit Jahren durch
die etwas harten Möhren-Honigkekse *fafernuchy* sowie das rituelle
figürliche Gebäck *byski* und *nowelatko* bekannt, die dem Haus Segen
versprechen. Die Faschingszeit kennzeichnen die in Fett ausgebackenen
Krapfen und Hobelspäne. In Poznań werden am Martinstag Tonnen von
Martinshörnchen verzehrt, die mit weißem Mohn und geriebenen Nüssen gefüllt
sind. Ein beliebtes Teegebäck sind Plätzchen mit Speckgrieben, die vor dem
Backen durch die Keksdüse des Fleischwolfs gedreht werden.

Krapfen

Schlesien

1 kg Mehl
2 Glas Milch
Glas Zucker
Würfel Butter
60 g Hefe
10 Eier
1 halbe Vanilleschote
Puderzucker
Rosen- oder Sauerkirschkonfitüre
¾ l Öl zum Frittieren
Salz

Hefe mit drei Esslöffel warmer Milch und 1 Esslöffel Zucker verrühren. Zum Aufgehen beiseite stellen. Inzwischen das Mehl in eine Schüssel sieben.
Hefestück, das mit Zucker schaumig verrührte Eigelb und das Vanillemark hinzugeben. Warme Milch zum Teig geben und gut durchkneten. Dann
ausgelassene Butter untermengen und weiter verarbeiten, bis ein leichter, luftiger Teig entsteht. Gehen lassen, bis er sich verdoppelt. Den Teig in drei
gleichgroße Stücke teilen und leicht abflachen. Aus der Teigmenge etwa 50 Krapfen ausstechen. Die Rosenkonfitüre erwärmen; Sauerkirschkonfitüre
etwas abtropfen lassen. Die Krapfen füllen, formen und erneut gehen lassen. Das Öl in einem breiten Topf erhitzen. Einen Krapfen probeweise hinein
geben. Wenn er sofort an die Oberfläche schwimmt, ist die notwendige Temperatur zum Ausbacken erreicht. Nun die Krapfen in das Öl geben und
den Topf zudecken. Wenn die Krapfen an der Unterseite goldbraun sind, umdrehen und von der anderen Seite backen (diesmal ohne Deckel).
Herausnehmen, auf Küchenkrepp abtropfen lassen und mit Puderzucker bestreuen. Zum Abkühlen einen neben den anderen legen.

Hobelspäne

Masowien

½ kg Mehl
5 Eigelb
3 Esslöffel Sahne
Esslöffel Spiritus
1 kg Schmalz
150 g Puderzucker

Aus Mehl, Eigelb, Sahne, Spiritus und einer Priese Salz einen quasi Nudelteig zubereiten. Den gut verarbeiteten Teig ca. 20 Minuten mit dem Nudelholz schlagen, bis Bläschen entstehen. Teig teilen, und hauchdünn ausrollen. Anschließend in 3 cm breite und 15 cm lange Streifen schneiden. Durch die Mitte einen 5-6 cm langen Schnitt machen und ein Ende des Streifens durch die Öffnung ziehen. Den Schmalz im tiefen Topf oder der Pfanne erhitzen. Die entsprechende Temperatur ist erreicht, wenn der Probe-Hobelspan sofort im Öl nach oben steigt und Farbe annimmt. Hobelspäne von beiden Seiten goldbraun braten. Auf dem Küchenkrepp abtropfen lassen und danach mit Puderzucker besieben. Auf dem Teller pyramidenförmig anordnen.

Quarkkuchen mit Baiserdecke

Kleinpolen

Teig:
250 g Butter
3 Glas Mehl
3 Eigelb
½ Glas Zucker
1½ Teelöffel Backpulver

Quarkmasse:
1 kg kremigen Quark
1 Glas Zucker
½ l Milch
3 Eier
1 Sahnepudding
½ Glas Öl
Saft 1 Zitrone

Quark mit Zucker und Eiern verrühren. Öl, Pudding, Zitronensaft und Milch unterrühren. Den Teig kneten und damit die Backform und den Rand auslegen. Quarkmasse darauf verteilen und bei 170°C ca. 40 Minuten backen. In der Zwischenzeit drei Eiweiß mit ½ Glas Zucker steif schlagen, den Kuchen damit bedecken und weitere 20 Minuten backen.

Weißer Apfelkuchen

Karpatenvorland

600 g Mehl
300 g Butter
150 g Puderzucker
1 Teelöffel Backpulver
3 Eigelb
2 Esslöffel saure Sahne
3 Esslöffel geriebene
Semmel
1½ kg saure Äpfel (z.B. Renette)
¼ Teelöffel gemahlener Zimt

Glasur:
100 g Zucker
20 g Butter
3 Esslöffel Milch
Schlagsahne zum Verzieren

Mehl mit Backpulver und Puderzucker aufs Nudelbrett sieben, dann mit der Butter verhacken. Eigelb und saure Sahne hinzugeben und zügig verkneten. Für 2 Stunden in den Kühlschrank stellen. Den gekühlten Teig in zwei Stücke teilen und ausrollen. Mit einem Stück den Blechboden auslegen. Die Äpfel schälen, in dünne Scheiben schneiden, mit Zimt und geriebener Semmel vermengen. Gleichmäßig auf den Teig verteilen und mit dem zweiten Teigfladen bedecken. Die Seiten andrücken und die Oberfläche mehrmals mit der Gabel einstechen. In die auf 180°C vorgeheizte Röhre schieben. So lange backen, bis bei der Stäbchenprobe kein Teig mehr am Holzstäbchen kleben bleibt. Zucker mit Milch und Butter mixen, bis eine dicke Masse entsteht. Auf den Kuchen gießen. Wenn die Glasur erstarrt ist, den Kuchen in rechteckige Stücke schneiden und mit Schlagsahne verzieren.

Schlesischer Streuselkuchen

Schlesien

Teig:
500 g Mehl
6 Eigelb
200 g Butter
50 g Hefe
2½ Glas Milch
abgeriebene Zitronenschale
Salz

Füllung:
750 g blauer Mohn
Esslöffel fein gehackte Mandeln
Esslöffel gehackte Wallnüsse
400 g Zucker
250 g Butter
2 Eiweiß
3 Esslöffel Honig

Streusel:
150 g Mehl
80 g Puderzucker
80 g Butter

Füllung: Mohn brühen und einige Stunden im Wasser quellen lassen. Auf dem Sieb abtropfen. Mohn und Zucker mit dem Wolf fein mahlen. Eischnee, Nüsse, Mandeln, ausgelassene Butter und Honig unterheben.

Streusel: Butter, Zucker und Mehl auf dem Nudelbrett hacken, stark abkühlen und dann mit dem Reibeisen hobeln.

Teig: Aus Hefe, 1 Esslöffel warmer Milch, 1 Esslöffel Zucker und 1 Esslöffel Mehl ein Hefestück ansetzten. In der Zwischenzeit Mehl sieben. Das mit Zucker schaumig geschlagene Eigelb, warme Milch, eine Priese Salz und Zitronenschale vermischen, das aufgegangene Hefestück dazugeben und gut durchkneten. Nach und nach die zerlassene Butter unterarbeiten und so lange kneten bis der Teig geschmeidig ist. ½ Stunde gehen lassen. Danach in zwei ungleiche Stücke teilen (der Boden sollte dicker sein als die Decke). Den Boden ausrollen, mit der Füllung belegen und mit dem zweiten ausgerollten Teigstück bedecken. Die Oberfläche mit in ½ Glas Milch verquirltem Ei bestreichen und mit Streusel bestreuen. Bei 170°C etwa 40 Minuten backen.

Erdbeermus

Świętokrzyska-Land

½ kg Erdbeeren
½ Glas Milch
2 Eier
2 Esslöffel Zucker
¾ Glas Schlagsahne
1 Teelöffel Zitronensaft
2 Teelöffel Gelatine
einige Wallnüsse

Eigelb und Eiweiß trennen. Milch kochen. Das mit Zucker schaumig geschlagene Eigelb vorsichtig in die Milch träufeln. Danach mit dem Schneebesen schlagen, bis die Flüssigkeit kremig geworden ist. Mit zerdrückten Erdbeeren und eingeweichter Gelatine verquirlen. Die steife Schlagsahne unterheben und kalt stellen. Das Mus in Becher füllen, mit Erdbeeren und Wallnüssen verzieren.

Kaschubische Götterspeise

Pommern

4 Eier
2 Zitronen
Glas Zucker
Packung Gelatine
Schlagsahne
einige Zitronenscheiben zur
Verzierung

Die Eier gründlich waschen, Eigelb vom Eiweiß trennen. Das Eiweiß mit Zucker steif schlagen. Eigelb mit dem übrigen Zucker im Wasserbad kremig schlagen. Die Zitrone abbrühen, Schale abreiben und den Saft zum kremigen Eigelb geben. Die Gelatine in ¼ Glas kaltem Wasser einweichen. Eigelb, Eischnee und Gelatine vorsichtig verbinden. In Kompottschüsseln füllen und mit Schlagsahne und Zitronescheiben verzieren. In den Kühlschrank stellen.

Kandierte Birnen

Großpolen

2 kg Birnen
2 kg Zucker
3 Glas Wasser
½ Teelöffel Zitronensäure

1½ kg Zucker mit Wasser kochen. Den Schaum abschöpfen. Die Birnen schälen, halbieren, das Kerngehäuse entfernen. Die Früchte nach und nach in den kochenden Sirup geben (nicht zu viele auf einmal). Auf kleiner Flamme etwa 5 Minuten kochen. Für einige Stunden vom Herd nehmen. Anschließend die Zitronensäure hinzufügen und erneut 4-5 Minuten kochen. Den Schaum entfernen und bis zum nächsten Tag abkühlen lassen. Die Birnen abschöpfen und zum Sirup den restlichen Zucker geben. Aufkochen, Schaum entfernen. Die Birnen hinzufügen und 5 Minuten kochen, bis sie glasig sind. Bis zum nächsten Tag im Sirup lassen. Erneut erhitzen, die Früchte vorsichtig aus dem Sirup nehmen und in ausgebrühte Gläser schichten. Mit dem Sirup auffüllen und fest verschließen. Eignen sich hervorragend für Desserts und als Verzierung.

Brotkwass

Podlasie

500 g Roggenbrot
500 g Zucker
200 g Hefe
100 g Rosinen
2 Zitronen
10 l Wasser

Das Brot in Scheiben schneiden, trocknen, mit abgekochtem heißem Wasser übergießen. Nach dem Abkühlen Hefe und Zucker dazugeben und für 12 Stunden beiseite stellen. Danach durchseihen. Den Kwass in Flaschen füllen, je einige Rosinen und eine Zitronenscheibe dazugeben und sorgfältig verschließen. An kühlem Ort aufbewahren. Nach 24 Stunden ist der Kwass trinkfertig.

Ebereschenlikör

Podlasie

1 kg Vogelbeeren
2 l Spiritus
4½ Glas Zucker
½ l Wasser

Die Beeren nach dem ersten Herbstfrost ernten, Waschen, von den Rispen streifen, mehrmals mit kochendem Wasser brühen. In eine bauchige Flasche schütten, mit 1 l Spiritus übergießen. In Zimmertemperatur stehen lassen. Nach zwei Wochen aus Zucker, Wasser und übrigem Spiritus einen Sirup herstellen. Aufkochen, den Schaum abschöpfen. Den Spiritus von den durchgeseihten Früchten dazugeben und 24 Stunden stehen lassen. Danach durch Filterpapier in Flaschen abfüllen.

Ein Abendessen
Ein gemeinsamer Abend

*A*uf dem Lande unterschied sich das Abendbrot kaum vom Frühstück. Abends aß man Sauermehlsuppe mit Kartoffeln (manchmal mit Speck oder Schwarzfleisch). Aufgetischt wurden auch vielerlei Grützearten sowie Kartoffeln mit saurer Milch. Kartoffelgerichte gab es in unzähligen Varianten, vor allem in Ostpolen, u.a. das auch heute noch beliebte sog. Bauernfrühstück (*kartoflarz*), den Kartoffelnapfkuchen, Stampfkartoffeln mit Mehl *prażucha* (in den Regionen Lublin, Kielce und Łódź) und in Podlasie Kartoffelwurst und Kartoffelpuffer mit einer Priese Soda. Auch in den Gutshäusern wurde abends warm gegessen, wobei die Speisekarte wesentlich erlesener war als bei den einfachen Bauern. Kredenzt wurden u.a. Schweinskotelett, Hasenbraten, Flusskrebse und Pilze in Sahnesoße. Hinzu kamen kalte Platten mit köstlichem Schinken, Gänsebrust und Pasteten. Zum traditionellen polnischen Abendessen gehörten ebenfalls Kornelkirsch-, Sauerkirsch- und Himbeerlikör, der Honig-Kräuterlikör *krupnik*, Trinkhonige und Wodka. Ein Klarer wird gegenwärtig vor allem zu den Aufschnittplatten, Hering in Öl sowie Schweinssülze gereicht. Heutzutage gehören zum Abendbrot vor allem Aufschnitt, kaltes Fleisch, Käse, geräucherter Fisch, Brot, Butter, Gemüse und Mixed Pickles vor allem Essigpilze. Ziemlich beliebt ist ebenfalls hausgemachter Schmalz mit Zwiebel, Äpfeln und Pilzen (jede Region hat ihre eigenen Geschmacksvorlieben). Dazu gibt es saure Gurken. Wenn Gäste angesagt sind, werden zu Abend ebenfalls warme Speisen gereicht, z.B. Kuttelflecke (*flaczki*) – auch aus Fisch, Krauteintopf mit Fleisch und Wurst (*bigos*), vielerlei Kartoffel- und Reisaufläufe sowie im Sommer saure Milch mit Pellkartoffeln, übergossen mit Speck- oder Schwarzfleischgrieben.

Die großen kirchlichen Feiertage waren für die Polen stets besonders wichtig, was in den diversen Essgewohnheiten zum Ausdruck kam, die generell auch heute aktuell sind. So werden an Heiligabend weder Fleisch, Wurst noch Geflügel verzehrt, und die Zahl der Speisen hängt von der jeweiligen Region ab. In Masowien muss sie immer ungerade sein, und in Podlasie werden unbedingt 12 Speisen gereicht, denn das entsprach der Anzahl der Apostel. Zum Heiligabend gehört auch der freie, aber eingedeckte Platz am Tisch für den verirrten Fremden. Bevor das Abendessen beginnt, teilen alle ihre Weihnachtsoblaten miteinander und wünschen sich frohe Weihnacht.

Diese hauchdünnen Oblaten werden in den Klöstern gebacken. Unter das schneeweiße Tischtuch legen auch heute noch viele Polen ein symbolisches Strohbüschel, das an die Krippe erinnert, in der das neu geborene Jesuskind lag. Darüber hinaus verspricht es den Bauern für das nächste Jahr Wohlergehen und reiche Erträge.

Jede Region Polens besitzt ihre eigenen Heiligabendgerichte. In Podlasie ist das Götterspeise aus Hafermehl mit kalt gepresstem Öl, und manchmal auch Mohnmilch oder Honig. In Ost-Podlasie, im Karpatenvorland und in der Region Lublin darf keinesfalls der uralte *kutia* fehlen. Er besteht aus geriebenem Mohn mit Weizen, Honig, Dörrobst oder Nüssen. Diese Leckerei ist ebenfalls in Westpolen, hauptsächlich in Niederschlesien und Westpommern, bekannt, wohin die Einwohner der ehemaligen polnischen Ostgebiete umgesiedelt wurden. In Kleinpolen wird am Heiligabend *moczka* gegessen, eine Suppe aus pürierten getrockneten Pflaumen. In Schlesien werden *zozworki*, Ingwerkekse, gebacken, und in Masowien darf es keinesfalls an Dörrobst-Kompott fehlen. Ein wichtiger Bestandteil des Festmahls ist die Heiligabendsuppe. Je nach Gegend bevorzugt man klare Rotrübensuppe mit „Öhrchen" (kleinen Maultaschen) oder Bohnen als Einlage (Masowien) oder Pilzsuppe (Kujawien, Ostpolen). Wenn es ganz besonders elegant sein soll, wird ebenfalls Mandelsuppe serviert. Des Weitern kennzeichnet sich das Abendessen an Heiligabend durch vielfältige Fischgerichte. An erster Stelle wären da Fisch in Gelee sowie gebratener, gedünsteter oder in Gemüsefond zubereiteter Karpfen, Zander und Schlei zu nennen. Als Vorspeise stehen Hering in Öl und Zwiebel, in Sahne sowie saurer Hering zur Auswahl. Zum Schluss wird Kuchen gereicht, traditionsgemäß Mohnrolle, Honigkuchen, Apfelstrudel, Käsekuchen und Hefekuchen mit Rosinen und Nüssen.

Warmes und kaltes Abendessen

Fleischbeilagen

Zu kaltem Fleisch passt am besten frisch geriebener Meerrettich, abgeschmeckt mit Zucker, Zitronensaft und manchmal etwas Sahne. Die Region Łódź, wo bereits seit über 60 Jahren eine ganz spezifische Meerrettichsorte angebaut wird, ist durch ihren hervorragenden Kren weit und breit berühmt. Äußerst beliebt ist auch ćwikła aus gekochten und geriebenen Roten Rüben, die je nach Region unterschiedlich verfeinert werden. In Masowien mit geriebenem Kren und etwas Sahne. In Pommern schneidet man die Rübchen in Scheiben und schmeckt sie mit Apfel, saurer Gurke, Zucker und Zitrone ab. Zu warmen oder gebratenen Würstchen sowie zum gebratenen Schwarzfleisch gehört klassischer Senf oder scharfer Senf. Seine treuen Anhänger hat ebenfalls der Ketschup, der schon seit über hundert Jahren in Polen präsent ist.

Wurst und Würstchen

Jede Region hat ihre ureigenen Wursterzeugnisse. In Nieder- und Oberschlesien sowie in der Region Oppeln sind Erzeugnisse deutscher Herkunft vorherrschend, u.a. Presswurst, Leberwurst und Grützwurst. In Kleinpolen serviert man Knochenschinken und in Kujawien und Podlasie liebt man Räucherschinken über alles. Masowien hat sich durch seine köstliche Wacholderwurst einen Namen gemacht, die aus grob gehackten Schweinefleisch- oder Schweine-Rindfleisch-Stückchen besteht und nicht wie normalerweise aus einer durch den Wolf gedrehten Wurstmasse. Und die Bewohner Großpolens mögen am liebsten Mettwurst und Pastetenwurst. Beliebt ist ebenfalls gekochter Schinken, geräuchertes Lendenfilet und Cabanossi – lange, fingerdicke Trockenwürstchen aus den allerbesten Fleischsorten.

Warmes und kaltes Abendessen

Fleisch kalt und in Aspik

Zum Abendessen tut man sich häufig an kalten Fleischplatten mit Schweinsrücken, Rindfleisch und Geflügel gütlich. Einst waren auf jeder Tafel auch sog. półgęski anzutreffen, die heute fast ganz in Vergessenheit geraten sind. Dabei handelt es sich um Gänsebrust, die eine Woche lang im Eichenfässchen in Salz eingelegt, dann mit Kleie eingerieben und mehrere Tage kalt geräuchert wird. Zum Abendessen sind ebenfalls kaltes Fleisch und Fisch in Aspik oder Gelee beliebt, von denen vorzugsweise Schweinssülze sowie Geflügel, Zunge, Zander, Schlei und Karpfen in Gelee zu nennen sind.

Eingelegtes und Eingewecktes

Gemüse in scharfer oder milder Essigmarinade sowie eingemachtes Gemüse und Obst bilden hervorragende Beilagen zu kaltem Fleisch. In Polen erfreuen sich vor allem marinierte Pilze wie Steinpilze, Reizker, Butterpilze, Pfifferlinge und Grünlinge Beliebtheit. Reizker werden ebenfalls mit Salz und Gewürzen gesäuert. So zubereitete Pilze bezeichnet man als „aus unter dem Stein", da man sie einst in einen Steintopf schichtete und mit einem Brett bedeckte, das mit einem Stein beschwert wurde. Sehr beliebt sind ferner konservierte Gurken, Cornichons sowie Mixed Pickles. Mariniert werden ebenfalls Paprika, grüne Tomaten und Gemüsesalat. Süße Marinaden zaubert man aus Pflaumen, Birnen, Sauerkirschen und Weintrauben. Den letzten Pfiff verleihen Fleisch und Aufschnitt ebenfalls leicht gesüßtes Apfelmus sowie vielfältige Konfitüren aus Vogelbeeren mit Birnen sowie Preiselbeeren, Moosbeeren, oft auch gemischt mit Birnen und Äpfeln. Zum Abendessen werden auch Marmelade sowie Pflaumen- und Apfelmus gereicht.

Tatar

Masowien

300 g Rinderfilet
1 Esslöffel Öl
1 Esslöffel Senf
2 Eigelb
1 Essiggurke
6 mittelgroße Essigpilze
(Maronenpilze)
2 Zwiebeln
einige Salatblätter
Salz
Pfeffer

Fleisch von den Häutchen befreien, durch den Wolf (mittelgroße Öffnungen) drehen. Öl, Senf, Pfeffer und Salz hinzugeben. Gut vermengen.
In zwei Portionen teilen, auf der Platte mit Salatblättern anrichten. In jeder Portion eine Vertiefung drücken und vorsichtig das Eigelb hinein
geben. Zwiebel, Pilze und Gurke in kleine Würfel schneiden, rings um das Fleisch anrichten. Salzen und pfeffern. Eigelb ebenfalls pfeffern.
Sofort mit Brot und Butter reichen.

Geräucherte Gänsebrust

Kujawien und Pommern

1 kg Gänsebrust mit Haut
60 g Salz
1 g Pökelsalz
1 Teelöffel Zucker
2 Glas Wasser
einige Pfefferkörner
Piment
einige Wacholderbeeren
1 kleines Lorbeerblatt

Fleisch mit der Hälfte der gemahlenen und mit Salz gemischten Gewürze einreiben. Die andere Hälfte mit 2 Glas Wasser kochen. Den Sud abkühlen lassen. Steintopf ausbrühen, das Fleisch hinein geben und mit dem abgekühlten Sud übergießen. Mit einem beschwerten Teller bedecken, damit die Gänsebrust mit Flüssigkeit bedeckt bleibt. Nach 2 Tagen das Fleisch wenden, nochmals 10 Tage in der Flüssigkeit ziehen lassen. Achtgeben, dass sich auf der Lauge kein Schaum bildet. Wenn das der Fall ist, neuen Sud vorbereiten. Danach Fleisch aus der Flüssigkeit nehmen, abtrocknen, zusammenklappen und mit Baumwollfaden zunähen. Die Gänsebrust kann auch wie Schinken geschnürt werden. In nicht zu heißem Rauch hängen und danach 2-3 Wochen ruhen lassen. Danach ist sie essfertig. Anstatt zu räuchern, kann die Entenbrust auch in Wasser mit Gewürzen weich gekocht werden. Dann im Wasser auskühlen lassen, herausnehmen, auf ein Brett legen, mit einem zweiten Brett beschweren und kühl lagern. Entenbrust wie Schinken in Scheiben schneiden, mit Preiselbeeren oder mariniertem Obst reichen.

Eingemachter Aal

Ermland und Masuren

3 mittelgroße Aale
3 Fischköpfe
1 Möhre
2-3 Zwiebeln
1 Petersilienwurzel
1 Sellerie
einige Pfefferkörner
Piment
1 Lorbeerblatt

Aal enthäuten, in etwa 7 cm große Stücke teilen und in Gläser schichten. In jedes Glas einige Pfefferkörner, Piment, Lorbeerblatt und einige blanchierte Zwiebelscheiben geben. Die Fischköpfe mit Suppengrün in Salzwasser kochen. Durchs Sieb gießen und die Brühe in die Gläser mit dem Aal füllen. Etwa 40 Minuten pasteurisieren. In dunklem, kühlem Raum aufbewahren.

Kuttelflecke aus Schleie

1 frische Schleie
Fischsud
1 Möhre
1 Petersilienwurzel
1 Sellerie
1 Zwiebel
Petersilie
Mehl
Salz
Pfeffer
Muskatnuss
Ingwer
Maggi
2 Esslöffel Butter
1 l Wasser

Fisch ausnehmen, Kopf und Flossen abtrennen, waschen, filetieren und in dünne Streifen schneiden. Aus dem Kopf einen Sud kochen. Das Gemüse putzen, in Streifen schneiden. Butter anbraten und im Fischsud kochen. Gegen Ende der Kochzeit die Fischstreifen dazugeben und nochmals einige Minuten kochen. Aus Mehl und Butter eine helle Schwitze zubereiten, zu den Kuttelflecken geben. Mit Salz, Pfeffer, Ingwer, Muskat und einen Teelöffel Maggi abschmecken. Nochmals aufkochen. Mit gehackter Petersilie bestreuen.

Eisbein in Bier

Großpolen

1½ kg Eisbein
2 Porrees
1 Sellerie
3 Petersilienwurzeln
5 Möhren
1 großes helles Bier
1 Gläschen Kognak
100 g Schmalz
Lorbeerblatt
Piment
Kümmel
schwarzer Pfeffer
Salz

Marinade:
1 l Wasser
50 g Steinsalz
50 g Pökelsalz
1 Esslöffel Zucker
Knoblauch
Majoran
Piment

Eisbein in einen Steintopf geben, mit der Marinade übergießen und 7 Tage stehen lassen. Danach herausnehmen, abspülen, mit Gewürzen einreiben und in heißem Fett anbraten. Gemüse in große Würfel schneiden. Gegen Ende der Bratzeit zum Eisbein geben. Etwas Wasser zugießen und die Haxe dünsten bis das Gemüse gar ist. Nach und nach Bier und Kognak zugießen und weitere 20 Minuten dünsten.
Mit gekochtem Kraut und Salzkartoffeln servieren.

Schweinebauchrolle mit Kräutern

Podlasie

1 kg roher Schweinebauch
(dünne Scheibe)
250 g geräuchertes
Schwarzfleisch
Esslöffel Senf
2 Knoblauchzehen
½ Teelöffel Majoran
½ Teelöffel Thymian
½ Teelöffel Estragon
Salz
Pfeffer

Die Oberfläche des rohen Schweinebauchs mit Gewürzen und zerdrücktem Knoblauch einreiben, zudecken und an kühlem Ort einige Stunden ziehen lassen. Danach mit der unbehandelten Fleischseite nach oben drehen, Schwarzfleischscheiben darauf legen, mit Senf bestreichen, einrollen und mit einem Baumwollfaden zusammenschnüren. In die Bratpfanne (mit dickem Boden) geben und in die stark erhitzte Röhre schieben. Bei 190°C etwa 50 Minuten braten. Wenn das Fleisch anbräunt, die Temperatur verringern. Die ausgekühlte Rolle in dünne Scheiben schneiden und auf der Platte mit Essigpflaumen und –birnen anrichten.

Schweinshaxe in Aspik

Karpatenvorland

1 kg Schweinshaxe
1½ l Wasser
Suppengrün
Salz
Pfeffer
2 Knoblauchzehen

Die Haxe reinigen und gründlich waschen. In kleinere Stücke hacken, mit Wasser begießen und auf schwacher Flamme etwa 1 Stunde kochen. Das Suppengrün hinzufügen und weiter kochen, bis sich das Fleisch vom Knochen löst. Fleisch aus dem Sud nehmen, von den Knochen lösen und in kleine Stückchen schneiden. Wieder zurück in den Topf geben. Mit Salz, Pfeffer und zerdrücktem Knoblauch würzen. Den Aspik in Portionsschüsselchen oder eine große Salatschüssel gießen. Mit gekochten Möhrenscheiben dekorieren und in den Kühlschrank stellen, bis er fest ist.

Polnischer Gemüsesalat

Masowien

5 mittelgroße Kartoffeln
1 mittelgroße Möhre
1 Petersilienwurzel
1 Sellerie
1 große Zwiebel
1 großer säuerlicher Apfel
2 mittlere Salzgurken
1 Dose Erbsen
6 Maronenpilzhütchen
6 Essigpflaumen
10 Esslöffel Majonäse

Pellkartoffeln kochen, abkühlen lassen, schälen. Möhre, Petersilienwurzel und Sellerie kochen. Kartoffeln und Gemüse in kleine Würfel schneiden. Fein geschnittene Zwiebel, Apfel, Gurke und Essiggemüse hinzugeben. Mit den Erbsen vermischen und mit Salz, Pfeffer und Zucker abschmecken. Zuletzt die Majonäse unterheben und nochmals gut vermengen.

Sauerkraut mit Steinpilzen

Świętokrzyska-Land

1 kg Sauerkraut
0,33 l pasteurisierte oder 300 g
tiefgekühlte Steinpilze
1 Glas weiße Bohnen
2 Zwiebeln
4 Esslöffel Leinöl
1 Lorbeerblatt
100 g Dörrpflaumen ohne Kern
einige Pfefferkörner
½ Teelöffel Majoran
Salz

Die Bohnen über Nacht in abgekochtem Wasser einweichen. Danach im selben Wasser mit Salz und Majoran kochen. Das Kraut klein schneiden,
mit 1 Glas Wasser übergießen. Pfefferkörner und Lorbeerblatt dazugeben und kochen. Wenn das Wasser eingekocht ist, 2 Esslöffel Öl hinzufügen.
Die Pilze in mittelgroße Stückchen schneiden (die tief gefrorenen vorher 2-3 Minuten in Salzwasser kochen). Zusammen mit der im übrigen
Öl gebratenen Zwiebel zum Sauerkraut geben. Einige Minuten dünsten. Danach die gekochten Bohnen dazugeben, mit Salz abschmecken
und noch einen Augenblick dünsten.

Maultaschen mit Kraut und Pilzen

Region Lublin

Teig:
450 g Mehl
2 Eier
2 Esslöffel Öl
warmes Wasser

Farce:
100 g getrocknete Maronen-
und Steinpilze
1 Zwiebel
40 g Butter
1 Esslöffel geriebene Semmel
Salz
Pfeffer
Öl

Mehl aufs Nudelbrett sieben, 1 Ei, Öl und soviel heißes Wasser zugeben, wie das Mehl aufnehmen kann, damit ein leichter, geschmeidiger Teig entsteht. Alles sorgfältig durchkneten, bis der Teig nicht mehr am Brett festklebt. Die gewaschenen Pilze mit warmem Wasser übergießen und mehrere Stunden wässern. Danach im selben Wasser weich kochen, abgießen und durch den Wolf drehen. Kraut kochen, abgießen, etwas abdampfen lassen und hacken. Zwiebel klein schneiden und in Butter anbraten. Pilzmasse, Kraut und Gewürze dazugeben. Abkühlen lassen. Den Teig ausrollen, Kreise oder Quadrate ausstechen, mit der Farce füllen und Maultaschen formen. In einem großen Topf in Salzwasser mit einem Esslöffel Öl kochen. Heiß mit Öl und Semmelbrösel auftragen.

Rotrübensuppe mit „Öhrchen"

Masowien

„Öhrchen"-Teig:
200 g Mehl
1 Ei
2 Esslöffel abgekochtes Wasser
1 Esslöffel Öl
Salz

Füllsel:
200 g gekochte Trockenpilze
1 mittelgroße Zwiebel
1 Esslöffel Butter
2 Esslöffel gehackte Petersilie
1 Esslöffel geriebene Semmel
1 Ei
Salz
Pfeffer

Rotrübensuppe:
½ kg Rote Bete
1 l Wasser
2 Zwiebeln
20 g Trockenpilze
Salz
Zucker
1 Lorbeerblatt
3 Glas saurer Rübensaft

„Öhrchen": Einen geschmeidigen Teig kneten und ruhen lassen. Gehackte Zwiebel glasig braten. Pilze abgießen, klein schneiden und zur Zwiebel geben, vermengen und weiter braten. Abkühlen lassen. Mit gehackter Petersilie, geriebener Semmel, Salz, Pfeffer und Ei vermengen. Den Teig ausrollen, winzige Quadrate ausstechen, mit der Farce füllen, zu Dreiecken zusammendrücken und danach zwei Enden miteinander verbinden. In leicht gesalzenem Wasser gar kochen. Dann mit dem Kloßlöffel herausnehmen und mit der Rotrübensuppe auftragen.
Rotrübensuppe: Pilze waschen, einweichen und im selben Wasser weich kochen. Danach abgießen (Sud aufbewahren). Die Rüben schälen, in dünne Scheiben schneiden und mit kochendem Wasser übergießen. Gewürz und Zwiebelviertel dazugeben, ca. 3 Minuten kochen. Von der Flamme nehmen und mehrere Stunden ziehen lassen. Rüben in einen Topf abgießen, mit dem Pilzsud verbinden, den sauren Rübensaft dazugeben und mit Wasser bis etwa 1½ l auffüllen.

Nudelflecken:
1½ Glas Mehl
2 Eier
Wasser
Salz

Suppe:
100 g Trockenpilze
2 Möhren
1 Petersilienwurzel
1 kleiner Sellerie
1 Porree
1 große Zwiebel
1 Lorbeerblatt
Pfeffer
Salz
2 l Wasser

Nudelflecken: Einen Nudelteig zubereiten, dünn ausrollen und trocknen lassen. Die trockenen Teigfladen aufeinander legen und in breite Streifen schneiden. Jeden Streifen quer in ca. 1½ cm breite Stückchen schneiden, und die wiederum in kleine Quadrate halbieren. Salzwasser kochen. Die Nudelflecken langsam hineinschütten und umrühren, damit sie nicht ankleben. Danach abgießen, abschrecken, auf den Teller geben und mit Suppe begießen.
Suppe: Die Pilze gut waschen. Mehrere Stunden in abgekochtem warmem Wasser einweichen. Einen Gemüsefond kochen. Salz, Pfeffer, Lorbeerblatt sowie die Pilze mit dem Einweichwasser dazugeben. Weichkochen. Die Suppe durch das Sieb in einen anderen Topf seihen. Einige Pilze in Streifen schneiden und in die Suppe geben.

Karpfen in Aspik

Niederschlesien

1½ kg Karpfen
1 kleine Möhre
1 Stück Sellerie
2-3 Zwiebeln
Salz
1 Esslöffel Zucker
¼ Teelöffel Pfeffer
3 flache Teelöffel Gelatine
1 l Wasser

Fisch ausnehmen. Kopf, Augen und Kiemen entfernen. Gut waschen. Das Suppengrün in Stifte schneiden. Den Karpfen quer in Stücke teilen und zusammen mit Kopf, Suppengrün, Zucker und Salz in eine Kasserolle geben und mit Wasser bedecken. Zugedeckt auf schwacher Flamme ca. 1½ Stunde köcheln lassen. Gegen Ende der Garzeit pfeffern und die in einigen Teelöffeln Wasser aufgelöste Gelatine einrühren. Den Karpfen im selben Topf (dicht verschlossen) kalt werden lassen. Karpfen mit Petersilie, Eischeiben, Meerrettich, Majonäse oder Tatarensoße auftragen.

Heiligabendessen
Hering mariniert

Pommern

3 Salzheringe
1 Möhre
1 Glas Weinessig
1 Teelöffel Zucker
4 Esslöffel Öl
2 rote Zwiebeln
je einige Pfeffer-
und Pimentkörner
1 Lorbeerblatt

Hering wässern und reinigen. Kopf, Flossen und Schwanz abschneiden. Quer in Stücke teilen. Möhre schälen, in Scheiben schneiden und in kleiner Wassermenge mit Salz, Pfeffer, Piment und Lorbeerblatt kochen. Abkühlen lassen. Weinessig, Zucker und Öl dazugeben, umrühren.
Die Heringe mit dem kalten Sud übergießen und für einige Tage in den Kühlschrank stellen. Vor dem Servieren den Fisch abtrocknen
und auf der Platte mit Möhre aus der Marinade und in Scheiben geschnittener roter Zwiebel anrichten.

Heiligabendessen
Mürbeteigkekse mit Mohnmasse

Kleinpolen

Teig:
2 Glas Mehl
½ Stück Butter
4 Esslöffel Zucker
2 Eigelb
1 Esslöffel Sahne

Mohnmasse:
2 Glas Mohn
3 Glas Milch
½ Glas Honig

Aus Butter, Mehl, Zucker, Sahne und Eigelb einen Mürbeteig kneten und für 1 Stunde in den Kühlschrank legen.
Anschließend ausrollen, in Dreiecke schneiden und auf dem Blech bei 180°C etwa 15 Minuten goldgelb backen.
Den Mohn mit heißer Milch brühen, auf kleiner Flamme ca. 15 Minuten kochen. Gut abtropfen lassen und durch den Wolf drehen.
Mit dem Honig vermengen, in Kompottschüsseln füllen und mit den Keksen verzieren.

1 Glas Mohn
1 Glas Weizenkörner
1 Glas Honig
1 l Milch
200 g Wallnüsse
je 50 g Rosinen, getrocknete
Feigen, Dörrpflaumen
und Dörräpfel

Den Weizen über Nacht einweichen, dann in ½ l Milch kochen und abgießen. Die übrige Milch zum Kochen bringen und damit den Mohn brühen und auf kleiner Flamme kochen lassen. Danach durch den Wolf drehen. Mit dem Weizen vermengen. Honig, gehackte Nüsse und das klein geschnittene, vorher eingeweichte Dörrobst sowie Rosinen dazugeben.

Heiligabendessen
Altpolnischer Honigkuchen

Kujawien und Pommern

750 g Mehl
200 g Zucker
300 g Honig
150 g Butter
5 Eier
2 Teelöffel Natron
3 Esslöffel saure Sahne
2 Teelöffel Pfefferkuchengewürz
1 Esslöffel Rosinen
1 Esslöffel gehackte Wallnüsse
1 Esslöffel gehackte Haselnüsse
1 Esslöffel Apfelsinenschale
Butter und geriebene Semmel
für das Backblech

Honig, Zucker und Butter erhitzen und abkühlen lassen. Das Mehl in eine Schüssel sieben. Honigmasse sowie Gewürze und Eier dazugeben. Zu einem sahnigen Teig verarbeiten. Falls er zu fest ist, etwas saure Sahne oder Kefir unterarbeiten. Den Teig solange rühren, bis er Blasen schlägt. Erst dann das in etwas Wasser aufgelöste Natron untermengen und gründlich verrühren. Zum Schluss die mit Mehl bestäubten Rosinen, Nüsse und Apfelsinenschale hinzugeben. ⅓ der Form mit Teig füllen und bei 160°C in der vorgeheizten Röhre etwa 1 Stunde backen. Mit dem Hölzchen prüfen, ob der Kuchen durchgebacken ist. Aus dem Ofen nehmen und in der Form erkalten lassen.

Teig:
300 g Mehl
30 ml Milch
2 Eigelb
20 g Hefe
150 g Zucker
2 Esslöffel Butter
1 Priese Salz

Füllung:
300 g Mohn
250 g Zucker
2 Esslöffel gehackte Wallnüsse
8 Glas heiße Milch
1 Esslöffel Honig
2 Esslöffel Butter
3 Esslöffel geriebene Semmel

Mehl in eine Schüssel sieben. Das mit warmer Milch und 1 Esslöffel Zucker angesetzte Hefestück sowie Salz, Butter und Eigelb dazugeben.
Einen glatten Teig kneten und gehen lassen. Den Mohn kochen, abgießen und mahlen. Butter, Honig, Zucker und Nüsse rösten.
Milch, Eiweiß und geriebene Semmel zugeben und gut vermischen. Den Teig in drei Stücke teilen und zu Rechtecke ausrollen.
Auf jedes Stück die Mohnmasse verteilen und einrollen. Jede Rolle zur Pyramide formen und auf das eingefettete, mit geriebener Semmel
bestreute, Backblech legen. Nachdem die Mohnrollen aufgegangen sind, bei 180°C backen.

Heiligabendessen
Kompott aus Dörrobst

Region Łódź

300 g Dörrpflaumen
200 g Dörräpfel
5 mittelgroße getrocknete Birnen
1 Zitrone
2 l Wasser
1 Glas Zucker

Obst waschen. Gesondert einige Stunden in abgekochtem Wasser einweichen. Danach getrennt kochen und anschließend miteinander vermischen und in eine große Kompottschüssel gießen. Zitrone schälen, in Scheiben schneiden, die Kerne entfernen und ins Kompott geben.

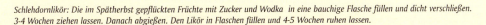

Liköre

Lubuska-Land

Schlehdornlikör
1 kg Schlehdornbeeren
1½ Glas Zucker
1 l hochwertiger Wodka (45%)

Likör aus schwarzen Johannisbeeren
5 kg schwarze Johannisbeeren
3 l Spiritus (90%)
7 Glas Wasser
1 ½ kg Zucker

Schlehdornlikör: Die im Spätherbst gepflückten Früchte mit Zucker und Wodka in eine bauchige Flasche füllen und dicht verschließen. 3-4 Wochen ziehen lassen. Danach abgießen. Den Likör in Flaschen füllen und 4-5 Wochen ruhen lassen.

Likör aus schwarzen Johannisbeeren: Die Beeren von den Stilen und Blütenresten befreien. In eine bauchige Flasche geben, mit dem Spiritus und 4 Glas Wasser übergießen. Bei Zimmertemperatur an dunkler Stelle 6 Wochen ziehen lassen. Danach durch Gaze in ein anderes Gefäß füllen. Mit heißem Sirup aus 3 Glas Wasser und 1½ kg Zucker verrühren und in Flaschen filtern. Mehrere Monate lagern.

Verzeichnis der Rezepte

Vorspeisen:

Eingemachter Aal 76
Fleischpastete 15
Gebratener Kümmelkäse 11
Gebratene Weißwurst 23
Gefüllte Eier 18
Geräucherte Gänsebrust 75
Gomółki mit Kräutern 12
Hering mariniert 87
Karpfen in Aspik 86
Kartoffelpuffer 37
Kindziuk 14
Kürbisplinsen 16
Osterschinken mit Teigkruste 19
Pflaumenmus 17
Pilze in Honig 50
Polnischer Gemüsesalat 81
Saure Gurken im Glas 53
Schweineschmalz mit Äpfeln 13
Schweinshaxe in Aspik 80
Tatar 74
Waldpilze in Sahne 49
Weißkäse „gzik" 10

Suppen:

Erbsensuppe nach Bauernart 33
Herkömmliche Kalte Suppe 34

Herkömmliche Sauermehlsuppe 20
Kuttelflecke aus Schleie 77
Kuttelflecke vom Rind 54
Pilzsuppe 85
Rotrübensuppe mit „Öhrchen" 84
Sauerkrautsuppe 30
Schwarzsauer nach Kramsker Art 31
Traditionelle Fleischbrühe 32

Hauptgerichte:

Altpolnischer bigos 38
Dorsch in Safransoße 45
Eisbein in Bier 78
Ente mit Moosbeeren 41
Gebackene Forelle mit Knoblauch 46
Kartätschen 36
Kohlrouladen 35
Krebsschwänze 44
Lammbraten 43
Maultaschen mit Kraut und Pilzen 83
Netzwurst 39
Putenbraten mit Wacholder 40
Rindslende mit Waldfrüchten 55
Rindsrouladen 52
Rippchen 51
Ruthenische Maultauschen 48
Sauerkraut mit Steinpilzen 82

Verzeichnis der Rezepte

Schweinebauchrolle mit Kräutern 79
Tafelspitz nach polnischer Art 47
Wildschweinbraten 42

Desserts:
Altpolnischer Honigkuchen 90
Erdbeermus 65
Hefe-Napfkuchen 22
Hobelspäne 61
Kandierte Birnen 67
Kaschubische Götterspeise 66
Krapfen 60
„Kutia" 89
Marzipankuchen Mazurek 21
Mohnrolle 91
Mürbeteigkekse mit Mohnmasse 88
Quarkkuchen mit Baiserdecke 62
Schlesischer Streuselkuchen 64
Weißer Apfelkuchen 63

Getränke:
Brotkwass 68
Ebereschenlikör 69
Kompott aus Dörrobst 92
Liköre 93

Text
Izabella Byszewska
*Die Autorin dankt den Teilnehmern des Wettbewerbs „Nasze Kulinarne Dziedzictwo"
(Unser kulinarisches Erbe) für die Anregungen.*

Fotos
Christian Parma

Layout und Arrangement der Speisen
Marta Marciniak

Zubereitung der Speisen:
Michał Borzęcki – Küchenchef von Restaurant „Maria"
Bożena Śliwczyńska – Zusammenarbeit

Übersetzung
Jan und Margit Scharmach

DTP
Wydawnictwo PARMA PRESS
Olga Baranowska, Eliza Dzienio, Katarzyna Sosnowska

*Wydawnictwo PARMA®PRESS Sp. z o.o.
05-270 Marki, al. Józefa Piłsudskiego 189 b
Tel. + 48 22/ 781 16 48, 781 16 49, 781 12 31
E-Mail: wydawnictwo@parmapress.com.pl
http://www.parmapress.com.pl*

ISBN 978-83-7419-152-4

 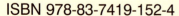